지금 팔면 평생 후회할
역세권 아파트 101

**지금 팔면 평생 후회할
역세권 아파트 101**

초판 1쇄 발행 2024년 9월 6일
초판 2쇄 발행 2024년 11월 29일
지은이 윤준, 유성호
펴낸곳 (주)에스제이더블유인터내셔널
펴낸이 양홍걸 이시원

주소 서울시 영등포구 영신로166
구입 문의 02)2014-8151
고객센터 02)6409-0878

ISBN 979-11-6150-886-3 13320

이 책은 저작권법에 따라 보호받는 저작물이므로 무단복제와 무단전재를 금합니다.
이 책 내용의 전부 또는 일부를 이용하려면 반드시
저작권자와 (주)에스제이더블유인터내셔널의 서면 동의를 받아야 합니다.

북플레이트는 작가가 주인이 되어 직접 기획하고 책을 만드는, 작가가 주인공이 되는
공간입니다.
책을 만드는 일에 동참하실 작가님들을 모집합니다.
www.bookplate.co.kr

윤준, 유성호 지음

- 본 책에 수록된 일부 그림과 자료는 대한민국 정부에서 발표한 공식 자료를 인용, 발췌한 것입니다. 해당 자료의 출처는 본 책의 [참고자료]에서 확인할 수 있습니다.

- 해당 자료의 저작권은 대한민국 정부에 있으며, 저작권법에 따라 사용하였습니다. 모든 자료는 원본 자료와 동일하게 유지되었으며, 출처를 밝힌 후 사용하였습니다.

목차

들어가며 8

프롤로그 11

제1장 지상철도 지하화와 함께 시작되는 철도 호재

  01. 지상철도 지하화로 변화하는 서울, 수도권 부동산 투자지도 | 16

  02. 비강남권 지상철도 지하화 계획 | 22

  03. 서울역, 영등포, 구로, 상계, 광운대, 수색, 경부선, 경의선, 경인선 지하화를 집중하라 | 27

  04. 철도 호재, 언제 부동산에 가장 크게 영향을 미칠까? | 31

  05. 우리 동네에도 GTX가… 수도권 출퇴근 30분 시대 열린다?! | 32

  06. GTX 2기 개막 속도 낸다 | 41

제2장 앞으로 10년간 10배 오를 수밖에 없는 지상철도 지하화 호재

  01. 지상철도 지하화 법안의 탄생 | 48

  02. 서울역 주변 확 바뀐다 | 51

03. 준공업지, 준주거지로의 탈바꿈, 영등포 재개발, 재건축 | 55

04. 공업단지에서 직주락(職住樂)으로 새롭게 태어나는 구로 | 58

제3장 앞으로 10년 안에 5배 오를 철도 호재

01. 용산(KTX, 경의중앙선, 1호선, 신분당선, 4호선) | 64

02. 상계, 광운대 역세권(GTX-C, 지상철도 지하화, 창동차량사업소) | 67

03. 수원(경부선, GTX-C, 1호선, 수인분당선) | 76

04. 광명(경부선, 신안산선, 월판선, 1호선) | 80

05. 수색(지상철도 지하화) | 83

06. 인덕원(GTX-C, 월판선, 동탄인덕원선, 4호선) | 88

07. 앞으로 생길 신안산선 노선 서울 지하철 10호선으로 불리는 이유? | 93

08. 경기도 철도 시대를 통한 새로운 기회 도래 | 96

09. 경기도의 1기 신도시 선도 예정 지구는 토지거래허가구역으로 지정 | 103

10. 앞으로 생길 KTX 노선 2개, 인천 송도역 더블 역세권 되는 이유? | 108

제4장 앞으로 5년 안에 부동산 가치의 패러다임이 바뀐다

　01. 공부하는 개미가 슈퍼 리치가 된다 ｜ 114

　02. 부동산 투자는 이렇게 따라하면 무조건 대박 난다 ｜ 118

　03. 투자자는 왜 호재를 공부하는가 ｜ 122

　04. 시장을 읽는 힘을 키워라 ｜ 125

　05. 다가올 지방자치단체선거, 대선, 총선을 대비하라 ｜ 132

에필로그 138

[부록] 스페셜 보너스

　1. 철도 부지 복합개발 가이드라인(2023. 12) ｜ 141

　2. 수도권 광역철도 계획 ｜ 191

참고자료 193

[별책] 지금 팔면 평생 후회할 역세권 아파트 101곳

들어가며

이 책은 제4차 국토철도망 계획을 기반으로, 제5차 국토철도망 미래 호재 지역까지 예측하여, 새로운 철도 호재가 부동산 미래 가치에 미치는 영향에 대해 부린이들도 쉽게 이해하도록 서술하였다. 예를 들어, 서울의 경부선 지하화 프로젝트는 도심 속 철도 시설을 지하로 이전함으로써 60만 평방미터 이상의 신규 토지가 개발 가능하게 되었으며, 이 지역의 부동산 가치는 사업 발표 이후 20% 이상 증가했다.

2024년 1월 제정, 2025년 1월에 시행되는 지상철도 지하화 및 철도부지 통합에 관한 특별법이 부동산 미래 가치에 미치는 영향은 무엇일까. 무엇보다 투자자들은 어떻게 이 기회를 활용할 수 있을까.

지상철도 지하화의 경제적, 사회적 영향

지상철도 지하화는 주변 부동산 가치를 상승시키는 뚜렷한 요인으로 작용

한다. 이는 여러 글로벌 사례를 통해 명확히 입증된 바 있다. 독일 베를린에서 1990년대 초반에 시작된 도심 지상철도 지하화는 주변 부동산의 가치를 평균 40% 상승시켰다.

뿐만 아니라 지하화 프로젝트는 도시 미관을 개선하고 삶의 질을 높이는 데 중요한 역할을 하기도 한다. 예를 들어, 파리의 RER 시스템 지하화 프로젝트의 경우 노후화된 도심 지역에 현대적인 교통 솔루션을 제공했을 뿐만 아니라, 지상의 역사적인 거리들을 보행자 중심의 공간으로 변모시켜 도심 속 작은 공원과 같은 역할을 하도록 만들기도 했다.

"10배 이상 상승하는 부의 기회를 선점하라"

지상철도 지하화 프로젝트가 발표되거나 시작되면, 투자자들에게는 부를 선점할 수 있는 거대한 기회가 생긴다. 해당 지역의 부동산을 적절한 타이밍에 매수한 이들은 최소 10배 이상의 미래 수익을 얻을 것이다. 혹자는 호재가 발표된 초기에 해당 지역의 부동산을 구매하는 것이 큰 수익을 가져다줄 것이라고 생각할 수 있다. 하지만, 지상철도 지하화 프로젝트는 7~10년이 소요되는 장기 프로젝트이며 중간에 무산될 가능성도 높다. 따라서 적절한 타이밍에 매수하는 것이 중요하다. 뿐만 아니라 지하화 완료 후 새로 조성되는 상업시설, 주거공간 및 유동인구 증가를 통한 미래 가치의 극대화를 이룰 수 있다.

이 모든 기회가 이 책을 읽는 독자 앞에 펼쳐진 미래다. 부동산 투자의 성공열쇠는 정부 정책의 정확한 분석을 통한 입지와 타이밍이다. 이 책을 통해 나는 정부 정책의 이해와 미래를 바라보는 시야에 대한 나의 인사이트를 공유하고 싶다. 누구나 볼 수 있지만 모두가 이해할 수는 없는 투자 입지를 직접적으로 나누려 한다.

부동산은 부자들만의 전유물이 아니다. 정부 정책을 읽고, 입지와 타이밍을 정확히 파악한다면 누구나 내가 원하는 내집 마련에 성공할 수 있다. 시드머니가 부족하다고? 걱정하지 마라. 여기 금액별로 다 찍어두었다.

2024년 5월
삼성동에서
윤준, 유성호 드림

내가 강의 때 항상 하는 이야기가 있다.

"공간의 거리를 시간의 속도로 줄이면 줄일수록
부의 가치는 늘어난다."

위 이야기가 선뜻 이해되지 않을 수 있다. 이것은 물리적 거리를 극복하고 시간을 줄이는 기술이 경제적 가치를 크게 증가시킬 수 있다는 의미다.

디지털 플랫폼의 발전으로 인해 콘텐츠 세상에서 공간적 거리는 무의미해졌다. BTS의 Dynamite의 뮤직 비디오는 유튜브에 공개된 순간 대한민국뿐만 아니라 전 세계 어디에서든 동시에 시청할 수 있었으며, 조회수 18억 회에 달하는 Dynamite 덕분에 하이브 매출 은 2,500억 원이 증가하였으며, 발생한 부가가치는 1조 7천억 원에 이른다. 넷플릭스에서 공개된 '오징어 게임'은 전 세계 190개 국가에서 2억 7천만 회의 시청 수와 9억 달러의 수익을 거두었다.

이와 같은 원리는 부동산에서도 마찬가지다. 부동산에서는 교통이 공간의 거리를 시간의 속도로 줄이는 핵심 기술이다. 그중에서도 내가 판단하는 국내 부동산 시장에서 가장 중요한 교통은 철도다.

서울 핵심지와 연결되는 철도 개발은 부동산 가치를 급격히 상승시키기도 한다. 신분당선이 강남에서 광교까지 연장될 때, 광교중앙역 주변의 집값은 2016년 한 해에만 18.67%가 상승했다. 2023년 3월 16억 3천만 원에 거래됐던 GTX-A 동탄역 근처의 아파트는 올해 2월 22억 원에 거래가 되어 5억 7천만 원이 뛰었다. 수도권 아파트의 25년간 연평균 상승률이 6.7%인 것을 고려하면 실로 어마어마한 수치다.

'지상철도 지하화 및 철도 부지 통합개발에 관한 특별법(이하 지상철도 지하화 특별법)'이 제정되었고 당장 내년 1월부터 시행된다. 게다가 현 정부에서는 수도권 광역급행철도(GTX)를 포함한 새로운 철도 계획을 역점 사업들로 추진 중이다.

27년차 부동산 정책 전문가로서, 부동산 시장은 지상철도 지하화 특별법과 GTX로부터 시작될 가장 큰 변곡점을 앞두고 있다고 확신한다.

서울에서 근무하는 누구나 한 번쯤은 직주근접성 좋은 입지에 살고 싶다는 생각을 해봤을 것이다. 하지만 대부분은 차선책으로 자신의 근무지와 철도로 접근성이 좋은 경기도 지역에 주거지를 정하는 경우가 대부분이다.

현재 강남까지 지하철로 1시간이 30분이 걸리는 경기도의 A 지역과 B 지역이 있다고 가정하자. A 지역과 B 지역의 현재 집값도 비슷하다고 가정하자. 하지만 5년만 지나면 A 지역은 새로 개통하는 철도 덕에 강남까지 25분이면 도착할 수 있고, B 지역은 여전히 강남까지 1시간 30분이 걸린다. 5년 뒤의 집값도 과연 비슷할까?

주거 사다리가 끊어진 세상에서 현실적으로 접근할 수 있는 중저가의 아파트가 철도를 통해 미래 상위 급지로 거듭날 수 있고 수익률도 클 것으로 기대하는 지역을 알려주고 싶다.

"아니 찍어주고 싶었다."

나는 이 책을 통해 지상철도 지하화 특별법과 미래 철도 계획을 분석하여 강남, 판교, 여의도 등 핵심 지역과의 출퇴근 시간이 절반 이하로 줄어들 수혜지와, 내가 가지고 있는 부동산 인사이트를 더해 시너지 효과까지 누릴 수 있는 아파트를 콕 집어주겠다.

1장

지상철도 지하화와 함께 시작되는 철도 호재

01
지상철도 지하화로 변화하는 서울, 수도권 부동산 투자지도

대한민국은 부동산 공화국이라고 부르지만, 이제는 더 이상 개발할 땅이 부족하다. 특히 수도권은 개발 부지가 턱없이 부족한 실정이다. 그동안 수도권으로의 인구 집중이 지속되면서 주택 수요가 증가했고, 수도권 과밀화를 방지하기 위한 각종 규제 정책으로 인해 개발이 제한되어 왔다. 예를 들어 개발제한구역, 그린벨트 등의 지정으로 개발이 어려워지고 있는 실정이다.

수도권 개발 부지 부족의 악순환

나 같은 부동산 전문가들은 수도권 내 기존 토지 이용이 비효율적이라는 지적을 오래 전부터 해왔다. 예를 들어 노후화된 공장 부지, 유휴 국유지 등이 효율적으로 활용되지 못하고 있다는 것이다. 게다가 수도권 과밀화로 인해 지방 소멸 위기가 심각해지고 있다. 수도권으로의 인구 집중, 규제 정책, 토지 이용의 비효율성, 지방 소멸 위기 등으로 인해 수도권 개발 부지가 부족해지는 악순환이 벌어지고 있는 것이다.

이에 정부는 발등에 불이 떨어졌다. 이러한 개발 과밀화를 막기 위해 수도권 규제 완화, 노후 산업단지 재생, 지방 분산 정책 등 다양한 대책을 마련하고 있지만 수도권 개발 부지 확보를 위해서는 보다 근본적인 해결책이 필요한 상황이다. 그래서 나온 대책이 바로 철도 및 고속도로 지하화 계획이다.

미래의 부동산 투자지도는 달라질 수밖에 없다. 앞으로 부동산 투자자들은 정부의 이러한 흐름을 예의 주시하며 대비하는 것이 중

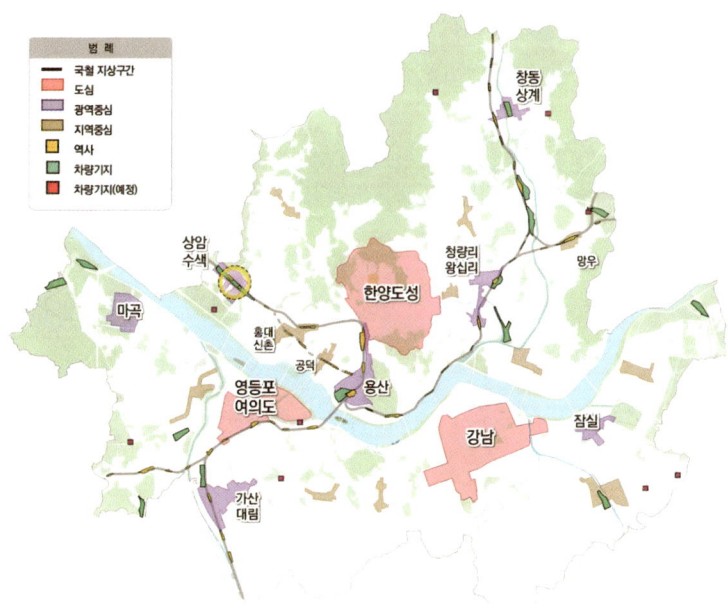

그림 1 도시공간 구조상 중심지에 위치한 철도부지(참고자료 : 철도부지 복합개발 가이드라인 수립)

요하다. 사실 철도와 고속도로 지하화는 여러 지자체의 숙원사업이었다.

철도 노선은 도심을 가로지르면서 도시 공간 활용도가 낮고, 소음과 분진 등 환경 문제가 발생하는 등 여러 문제를 갖고 있다. 이에 지상철도 지하화을 통해 도심 내 철도 부지를 활용하여 복합개발을 할 수 있을 뿐더러 도시 공간을 보다 효율적으로 활용할 수 있게 된다.

속도감 있게 전개되는 지하화 사업

정부의 정책 추진은 상당히 과감하다. 지상철도 지하화 외에도 고속도로 지하화를 통해 도로 상부 공간을 활용한 복합개발을 하겠다는 것이다. 대표적으로 경부고속도로와 경인고속도로 지하화 사업이 그 예인데 이는 현재 추진되고 있다. 지상철도 지하화 종합계획이 바로 그것이다.

이 사업에는 현재 대상 사업 선정 기준, 상부 개발 방향, 재원 조달 방안 등을 담은 최상위 계획이 담겨 있다. 정부는 올해 안에 1차 선도사업 구간을 선정하고, 지하화와 복합개발에 나설 계획이다. 2026년 착공이 목표다.

지상철도 지하화 사업의 경우 지상 철도를 지하로 옮기고 상부 공간을 고밀 개발하는 것이 핵심이다. 경기도, 서울시, 인천시 등에서 다양한 노선들을 검토 중인 상황이다.

고속도로 지하화의 경우 기존 지상 고속도로 아래에 지하 고속도로를 건설하거나, 지상 고속도로를 일부 지하로 옮기고 상부 공간을 활용하는 등 다양한 방식으로 추진되고 있다. 현재 경부고속도로는 서울과 용인 구간으로 약 26.1km 지하화가 계획 중이다. 경인고속도로의 경우, 서울과 인천 구간으로 약 15.3km의 지하화로 구상 중에 있다. 수도권 제1순환 고속도로는 구리와 성남 구간으로 31.5km 구간이 2023년 12월에 예비타당성 조사에 들어갔다.

특히 지상철도 지하화은 지상 철도를 지하로 옮기고 상부공간을 고밀 개발한다는 구상인 만큼 지자체에서도 선도사업 공모에 대한 관심이 큰 상황이다. 경기도 경부, 경인, 경의, 경원, 경춘, 중앙, 경강, 안산선 등 360km 구간을 비롯해 서울시의 지상철도 지하화 사업의 대상 구간은 약 71.6km으로 검토되고 있으며 인천시는 경인선 인천역~구로역(27km) 구간을 검토 구간으로 보고 있다.

이 밖에도 부산(경부선), 대구(경부선), 광주(광주선), 대전(경부·호남·대전선), 경남(경전선) 등 지상철도 지하화을 고려하는 등 지자체 경쟁이 치열한 상황이다.

고속도로 지하화의 경우 현재 경부고속도로(용인~서울, 15.3km), 경인고속도로(인천~서울, 26.1km), 수도권제1순환 고속도로(구리~성남, 31.5km) 구간은 예비타당성 조사 진행 중이다. 민자로 진행 중인 서창과 김포간의 18.3km의 수도권 제1순환 고속도로와 부산 사상과 해운대 간의 21.7km의 외곽순환선은 각각 2026년, 2028년 착공에 돌입한다.

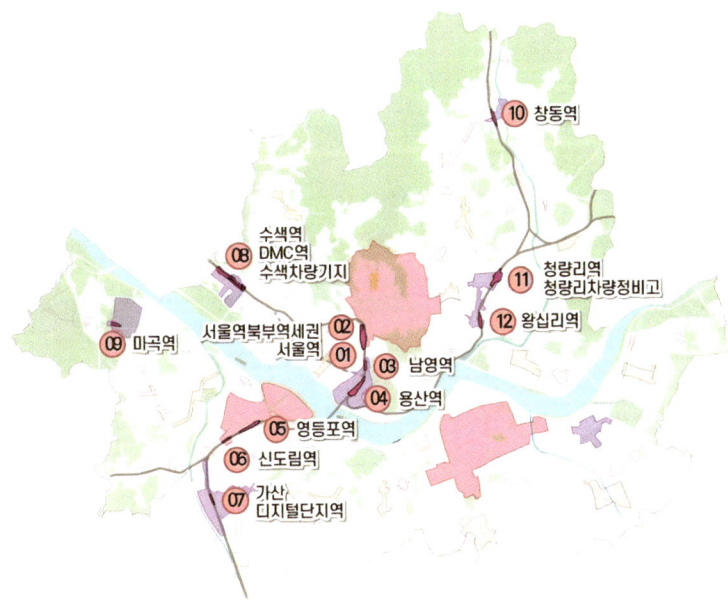

그림 2 도심·광역중심역세권 유휴철도부지 분포 현황 (참고자료 : 철도부지 복합개발 가이드라인 수립)

오세훈 시장의 지하화 빅 픽처

이런 가운데 오세훈 서울시장은 서울시 내 비강남권 지역의 지상철을 지하화하고 그 상부 공간을 다양하게 활용하는 '강남북 균형발전 프로젝트 1탄'을 발표하기도 했다. 서울의 낙후된 지역들을 변화시키고, 주민들의 삶의 질을 향상시키며, 도시의 녹지 공간과 문화 생활 공간을 확대하겠다는 것이다.

강남북 균형발전 프로젝트의 내용을 뜯어 보면 크게 4가지 특징이 있다.

지상철 지하화

서울시내 일부 지상철 구간을 지하로 이전하고, 해방된 지상 공간을 시민들을 위한 공간으로 재구성하는 것이다. 도시의 미관 개선과 교통 체계의 효율성을 높이기 위한 과정이라고 볼 수 있다.

상하부 공간의 입체적 활용

지상철이 지하화된 후의 지상 공간은 녹지 공원, 도로, 문화 및 예술 공간 등 다양한 용도로 개발된다. 이를 통해 주민들에게 삶의 질을 높일 수 있는 다양한 혜택을 제공하겠다는 것이다.

균형 있는 발전 추구

이 프로젝트는 특히 비강남권 지역에 초점을 맞추고 있다. 서울시 전체의 균형 있는 발전을 도모하겠다는 것이다. 강남 지역과 비교해 상대적으로 개발이 덜 된 지역들에 새로운 개발 기회를 제공하고, 도시 전체의 조화로운 발전을 추구하는 것이 핵심이다.

지역 경제 활성화와 사회적 가치 창출

낙후된 지역의 개선을 통해 지역 경제를 활성화하고, 새로운 공공 공간의 조성을 통해 시민들에게 사회적 가치를 제공하는 것이 핵심이다.

02
비강남권 지상철도 지하화 계획

정부는 '지상철도 지하화 특별법'을 2024년 1월 30일 제정하여 지상철도를 지하화하고, 지상철도 부지와 주변을 개발할 계획이다. 이를 통해 도심을 관통하는 지상철도로 인한 지역 단절과 도시 활력 저해 문제를 해결하고, 새로운 거점 공간과 시민을 위한 공간을 만들겠다는 것이다.

이번 특별법은 2025년 1월 31일부터 시행될 예정이며, 지상을 지나는 철도를 지하화하고 땅을 확보해 국유재산 출자 등을 통해 개발하겠다는 내용을 담고 있다. 서울시는 관련 기본구상 용역을 3월 중 발주할 예정이라고 밝혔는데 지상철도 상부 활용에 필요한 도시공간 구상과 개발 방안을 수립하기 위한 것이기도 하다. 지상철도 지하화는 2024년 1월 철도와 인접부지를 통합개발하는 안을 담은 '철도지하화 통합개발법'이 국회를 통과하면서 본격적으로 추진되고 있다.

향후 국토교통부(국토부)에서 중장기 계획인 '지상철도 지하화 통합개발에 관한 종합계획'을 수립하면, 그에 따라 서울시가 노선별로 '지상철도 지하화 통합개발 기본계획'을 수립한 뒤 사업시행에 들어갈 전망이다.

비강남권 지상철도 지하화, 왜 속도를 내나?

현재 서울시에는 총 71.6km의 국가철도 지상구간이 도시를 가로지르고 있어 소음, 분진 등의 환경문제와 철도로 인한 지역 단절 등의 문제를 겪고 있다.

그림 3 서울의 철도노선 현황(참고자료 : 철도부지 복합개발 가이드라인 수립)

서울시는 용역을 통한 구상안을 국토부에 제안하는 등 국토부가 수립하는 종합계획에 서울시 여건이 반영될 수 있도록 지상철도 지하화 실현방안을 발 빠르게 마련하겠다고 했다.

지상철도는 크게 1) 역사(정거장), 2) 주변지역과 비슷하거나 더 낮게 형성된 선로 구간, 3) 고가 및 철교 등의 형태로 구성돼 있다.

※서울시 내 국가철도 지상구간 현황 총 71.6km
 6개 노선(경부·경인·경의·경원·경춘·중앙선)
※도시철도 29.6km 4개 노선(2호선·3호선·4호선·7호선)

이에 지상철도 지하화를 통한 새로운 도시공간으로의 재편을 요구하는 목소리에 따라, 시는 앞서 2023년 수립된 2040 서울도시기본계획을 통해 지상철 전체 구간을 장기적으로 지하로 넣고 지상 구간에는 녹지, 문화, 상업 등으로 구성된 입체복합개발 등의 방안을 담은 바 있다.

이를 위해 시는 국토부의 철도지하화 추진 일정에 맞춰 단계별로 대응해 나갈 방침이다. 우선 서울시 전체 지상철도 구간에 대한 선제적 공간계획을 상반기 중 수립하고, 하반기에는 국토부에 선도사업을 제안, 2025년에는 노선별 공간계획을 마련해 국토부의 종합계획에 반영될 수 있도록 할 계획이다.

서울시는 2025년까지 서울시의 도시계획 체계와 공간구조에 따른 전체적인 지상철도 및 주변지역 상부에 대한 개발 구상을 수립하고,

지하화 및 데크화 등 유형별로 입체 복합화 방안 마련, 노선별로 사업성 검토 등을 진행하고자 한다. 이 과정에서 우선적으로 사업추진이 필요한 구간은 국토부의 선도사업으로 제안하여 종합계획 수립 이전에 기본계획 수립에 들어간다.

또 지상철도 구간이 포함된 15개의 자치구를 포함한 TF를 구성하는 한편, 추진 과정 진행에 있어서 지역주민과 이해관계자 등의 의견을 충분히 경청하여 여론을 수렴해 나갈 계획이다.

미래형 거점공간 구축

도시, 건축, 조경, 교통, 철도, 부동산 등 다양한 분야의 전문가로 구성된 자문단을 갖추어서 초기 단계부터 전문가의 의견을 반영하여 지상철도 지하화 주변지역의 기본구상에 대한 수립 방향을 설정해 나간다. 수시로 국토부 등 중앙정부와도 협의를 거쳐 기본구상 안을 수립할 계획이다.

아울러, '경의선 숲길', '프랑스 파리 리브고슈' 등 지상철도 지하화 및 상부공간을 이미 개발하여 활용하고 있는 국내외의 사례를 참고하여 지역과 부지 특성에 맞게 '미래형 거점공간'과 '시민들을 위한 열린 공간'을 적절하게 구성하여 서울의 새로운 전략 공간으로 바꿔 나간다.

기억하자. 지상철도 지하화는 서울 내에서 진행되었던 그간의 도시개발이나 도시정비 사업과는 또 다른 사업으로 기존 도시공간에 대한 엄청난 변화를 가져올 것이다. 현명한 투자자라면 지상철도의 지하화를 위해 발 빠르게 대응하고 있는 서울의 도시 대개조를 통해 기회를 잡을 수 있어야 한다.

03
서울역, 영등포, 구로, 상계, 광운대, 수색, 경부선, 경의선, 경인선 지하화를 집중하라

경의선 지하화 사업은 서울시가 추진하고 있는 주요 사업 중 하나다. 이 사업은 서울역에서 수색역 구간의 5.4km를 지하화로 진행하고, 경의선 지상부를 활용하여 '경의선 숲길'을 조성하여 시민들의 삶의 질 향상과 쾌적한 환경을 제공하겠다는 것이 골자다.

국토교통부는 2024~2025년 지상철도 지하화 통합개발에 관한 종합계획을 수립하고, 우선 추진이 필요한 구간을 선도사업 대상으로 선정할 계획으로 경부고속도로 지하화 사업도 2026년 착공을 목표로 추진 중이다. 정부는 올해 지상철도 지하화 사업의 가이드라인을 배포하고, 12월까지 선도사업을 선정할 계획이라고 밝혔다.

지상철도 지하화에 숨겨진 투자의 기회

지하화를 추진하는 철도 노선은 경의선뿐만이 아니다. 지상 철로가 있는 지자체면 곳곳에서 지하화를 추진하고 있는 상황이다.

서울에서는 수도권 전철 1호선 경부선(금천구청역~서울역)과 경원선(청량리역~도봉산역), 2호선(한양대역~잠실역), 4호선(창동역~당고개역) 등을 중심으로 여론이 생겨나고 있다. 비수도권에서도 여당인 더불어민주당이 지난 21대 총선에서 부산역 지하화를 공약으로 들고 나올 정도다.

지상철도 지하화 추진 지역이 선도 사업지역으로 지정된다면, 다른 일반 지역과 비교하여 준비기간이 최소 1년에서 2년 정도가 줄어들게 될 것이다. 이것이 여러 지자체들이 선도 사업 지정에 기대를 하고 있는 이유이기도 하다. 대표적으로 선도 사업 지정을 노리는 곳은 경부선 서울역~당정역 구간에 자리 잡은 7개 지자체다.

이중 경부선 지하화는 서울역에서 당정역까지 약 32km 구간을 지하화하는 것으로 국민의힘에서 강력하게 추진하고 있는 사업이다. 경기도 군포, 안양시와 서울 용산, 영등포, 동작, 구로, 금천구 등 7개 지자체가 참여한 '경부선 지하화 추진협의회'는 2024년 초 군포시청에서 회의를 열고 경부선 철도의 신속한 지하화를 위해 해당 구간을 국가 선도 사업에 반영해 달라고 촉구한 바 있다.

이들은 서울역~당정역 구간이 지상철도 지하화 선도 사업에 선정될 수 있도록 정부에 요구하는 내용이 담긴 공동건의서에도 합의했다.

대통령 공약뿐 아니라
여야가 합치한 의견으로 무조건 진행된다

경인선, 경부선, 경원선의 서울 구간 지하화 사업은 윤석열 대통령의 대선후보 시절 공약에도 포함되었었고, 여야가 이미 합치한 만큼 선도 사업으로 지정될 것이다. 윤석열 대통령은 국민의힘 대선후보 시절에 수도권 교통 공약을 발표하며 지상철도 지하화 대상으로 경부선의 서울~당정역 구간, 경인선의 구로~도원역 구간, 경원선의 청량리~도봉산역 구간 등을 꼽은 바 있다.

그렇다면 이 중에서 투자 기회의 파급력이 높은 사업은 무엇일까? 내 생각에 부동산의 큰 변화를 몰고 올 사업은 우선 경부선 서울역 지하화 사업이 될 것이다.

그 이유는 서울역에 대한 개발사업과 맞물려 있어서이다. 서울시는 철로를 지하화로 진행하고 남는 땅에 대해서는 상업시설, 전시 및 컨벤션(MICE) 시설과 공원 등을 유치하겠다고 하였다. 이렇듯 서울역, 용산역 개발과 맞물리면 신도심을 구축할 수 있다.

이제는 당신의 차례다

어쩌면 지상철도 지하화라는 이슈는 10년 만에 한 번 올까 말까한 부동산 슈퍼 사이클이 될 확률이 높다. 공급 부족과 주택 멸실 이슈와 함께 지상철도 지하화라는 시대적 트렌드를 활용하면 부동산 투자 한 번으로 인생이 바뀔 수도 있는 것이다.

04
철도 호재, 언제 부동산에 가장 크게 영향을 미칠까?

그렇다면 이러한 철도 개발은 언제 집값을 끌어올릴까? 일반적으로 철도 개발 호재 발표 직후에는 직전의 집값을 끌어올리는 경향이 있다. 이는 철도 개통에 대한 기대감으로 인해 해당 지역의 부동산 수요가 증가하기 때문이다.

하지만 가장 크게 오르는 타이밍은 개통 후 1년이 지난 시점이다. 이는 철도 개통으로 인한 이동 시간 단축 효과가 집값에 반영되는 데 시간이 소요되기 때문이다. 또한 철도 개통 시, 철도 이용객 수가 많을수록 해당 지역의 부동산 가치가 상승하는 경향이 있다. 철도 이용객 증가가 해당 지역의 상업 활성화와 연계되어 부동산 가치 상승으로 이어지기 때문이다.

05
우리 동네에도 GTX가…
수도권 출퇴근 30분 시대 열린다?!

그림 4 서울시의 광역철도 노선도(예정포함) (참고자료 : 철도부지 복합개발 가이드라인 수립)

GTX(Great train express)는 수도권 주변의 주요 지역을 연결하는 광역급행철도이다. 이 사업의 핵심은 광역급행철도의 이름대로 광범위한 지역의 '광역'과 빠른 속도의 '급행'인지 여부다.

먼저, GTX의 A구간을 살펴보면, 남쪽으로는 동탄, 용인의 구성, 성남, 수서구간은 이미 개통을 하였고, 북쪽으로는 일산의 운정과 킨텍스, 서울역을 거쳐, 삼성역으로 이어지고 있다. B 노선의 경우, 남쪽을 인천 송도와 여의도, 용산, 서울역을 거쳐, 북쪽의 청량리와 마석을 이어주고 있다. C노선의 경우 남쪽의 수원과 과천을 거치고 북쪽으로 덕정, 의정부, 청량리를 통한 삼성역으로 이어진다.

2024년 현재 개통중인 GTX-A의 일부노선을 기준으로 최고속도가 180km/h다. 교통수단의 운행거리를 정차시간을 포함한 소요시간으로 나눈 표정속도를 알아보면, 약 100km/h 정도다. 서울 지하철의 표정속도가 30-35km/h임을 감안 하면, GTX의 속도는 일반 전철의 3배 빠른 속도로 운행이 가능하다. GTX의 빠른 운행속도와 정차역 수의 감소로 출퇴근 시간은 획기적으로 단축될 것이다.

수도권의 핵심 업무 지구와 거주지와의 거리 멀어질수록 사회적 비용의 낭비와 주거비의 격차는 더욱 극심화 되기에, 이를 줄이기 위한 GTX와 같은 광역철도망 사업은 국가 균형 발전을 위해 꼭 필요한 사업이다.

GTX와 부동산 투자의 관계

GTX는 수도권 교통 문제를 해결하기 위해 추진되는 대규모 철도 프로젝트로 GTX 노선이 개통되면 서울과 주변 지역 간 이동 시간이 크게 단축되어 부동산 시장에 큰 영향을 미칠 것으로 예상된다. 부동산 투자환경은 도로 철도 등의 연결에 따라 크게 영향을 받는 것이 사실이다.

경부고속도로가 개통되면서 우리나라의 산업은 크게 성장했고 고속도로 접근성이 용이한 도시지역으로 인구는 집중되었다. KTX가 운행되면서 광명발 경부선의 최초역인 천안아산역이 있는 천안시가 산업이 활발해지고 인구가 늘어나면서 경제적 효과를 가져온 것만 봐도 알 수 있다.

그동안 경부고속도로와 KTX의 경제적 효과로, 부동산 투자 환경은 철도 여건과 환경에 따라 크게 바뀐다는 것은 이미 충분히 확인되었다. 따라서 GTX 고속 전철이 확장되면 산업의 성장과 인구이동도 두드러지게 나타나는 것은 물론, 그에 따른 경제권도 성장할 것이라고 예상해 볼 수 있다.

GTX-A는 수도권 북서쪽 파주의 운정~서울역, 삼성~ 동탄까지의 노선이다. 2024년 7월 현재, GTX-A의 동탄 ~수서 구간이 개통되었으며, 운정~서울역 구간은 창릉을 제외하고 2024년 12월에 개통 예정이다.

GTX-A 노선의 가장 큰 수혜라고 한다면 동탄 신도시라고 볼 수

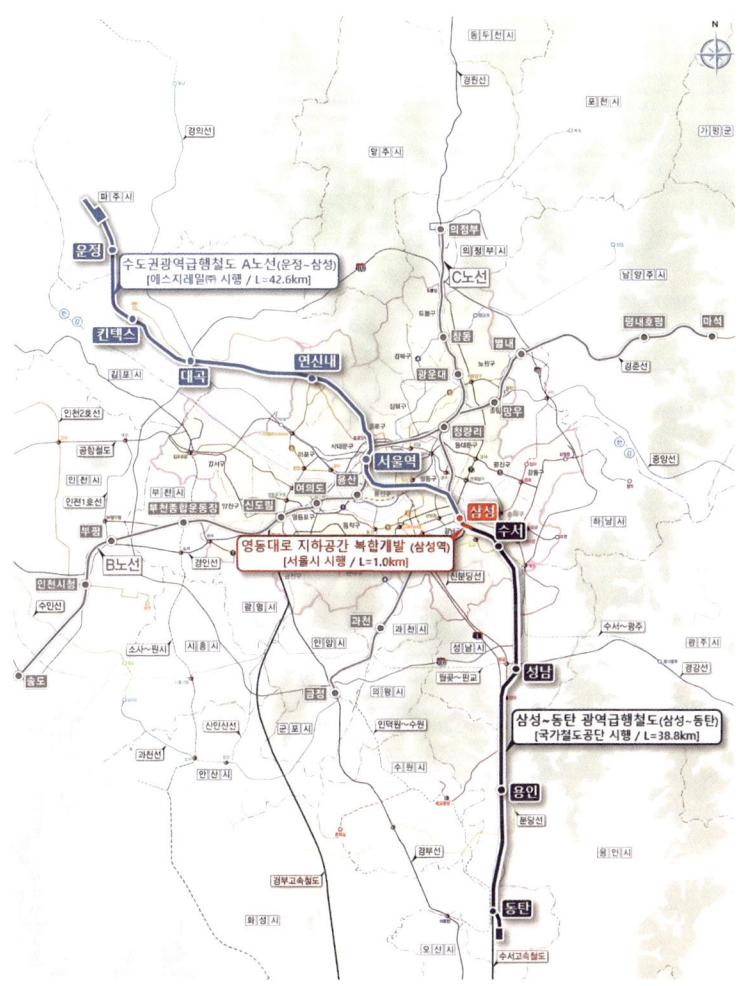

그림 5 GTX-A 노선 (참고자료 : 국토부 보도자료, 2022.12.30)

있다. 동탄은 삼성전자를 필두로 한 대규모 산업 단지가 형성되어 있고, 다양하고 편리한 생활 인프라가 구축되어 집값 상승으로 이어졌다. 그러나 서울과의 접근성이 떨어지는 점으로 인해 생활권을 서울에 둔 사람들에게는 매력적인 곳이 아니었다. 그렇기에 GTX-A 노선의 삼성역 개통, 전 구간 개통 시점은 GTX 동탄역 부근에 분명히 호재로 작용할 것이다.

GTX-A 노선의 또 다른 수혜 지역이라고 하면 북서쪽의 파주 운정과 킨텍스 지역일 것이다. 이들 지역의 경우, 대형 복합 쇼핑몰, 호수공원 등 이미 안정적으로 자리 잡은 일산 신도시의 인프라 덕분에 거주하기에는 좋은 환경이다. 그러나 강남, 용산 등 핵심 업무지구와의 접근성이 부족하여 집값 상승률이 좋지 않았다. 하지만 GTX-A 노선의 개통을 통해 이러한 단점을 보완할 수 있게 되면, 상당히 매력적인 지역이 될 것이다.

이미 개통된 수서~동탄 구간의 GTX-A의 실제 이용객의 수는 국토부에서 처음 추산한 수치보다 낮다. 혹자는 이를 두고 GTX-A의 효용성이 없다고 말한다. 하지만 이는 삼성역까지 직통으로 연결된 것이 아니라 수서까지만 개통되었기 때문이다. 수서에서부터 삼성, 강남, 역삼 등 핵심 상업지역까지 가기 위해서는 여러 차례 환승해야 한다. 또, 성남은 이미 수인분당선, 신분당선으로 서울에 갈 수 있기에, 삼성역과 연결되지 않은 GTX-A 개통은 반쪽짜리 개통일 뿐이다. 삼성역까지 연결되면 그때서야 GTX-A의 진가가 나타날 것이다. 특히 서울역까지 이어지는 시점에는 GTX-A 노선의 거대한 파급효과를 눈으로 볼 수 있을 것이다.

GTX 삼성역이 개통되는 날, 삼성역이 서울의 중심이 되는 것을 보게 될 것이다. GTX-A 노선 수서~동탄 구간 개통 후 판교에 큰 변동이 있었을까? 아니다. 하지만 GTX-A 노선 삼성역이 개통되는 순간 판교는 과천을 넘게 될 것이다.

GTX-B 노선은 인천 송도의 인천대입구역에서 청학, 인천시청, 부천종합운동장과 신도림, 여의도, 용산과 서울역을 지나 별내와 마석을 연결한다. 현재, GTX-A 노선의 용산역은 용산의 국제업무지구의

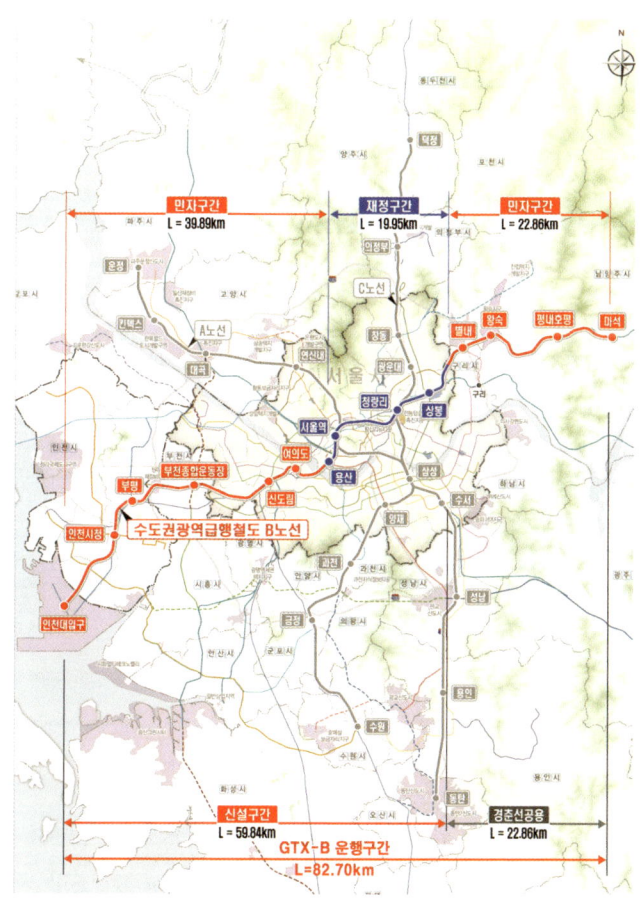

그림 6 GTX-B 노선 (참고자료 : 국토부 보도자료, 2022.10.07)

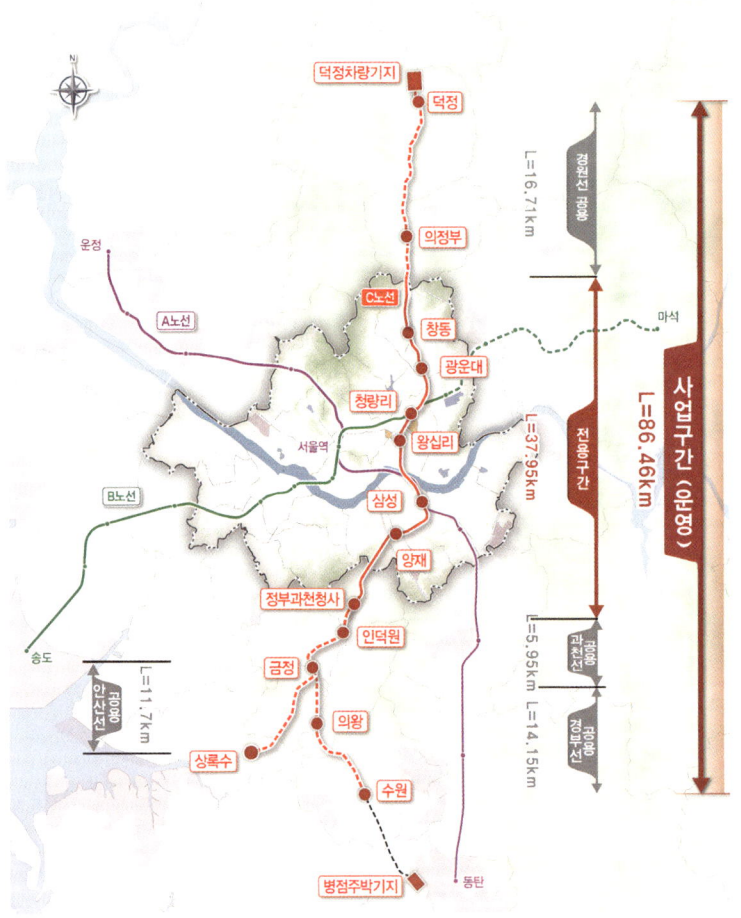

그림 7 GTX-C 노선 (참고자료 : 수원시 보도자료, 2024.01.26)

개발과 맞물려 있고, 이를 통해 용산은 교통의 요지로 우뚝 설 수 있는 곳이 될 것이다.

GTX-C 노선의 경우 1호선과 4호선의 선로를 함께 사용하기에 사업비를 줄이고, 개통 시기를 앞당길 수 있다. GTX-C 노선은 남쪽의 수원, 의왕, 과천과 삼성역, 왕십리, 청량리, 의정부를 연결한다.

독자 중 누군가는 GTX-B, GTX-C 노선은 GTX-A 노선에 비해 왜 이렇게 간단히 설명하고 끝나는지 의문을 가질 것이다. 그 이유를 아래 설명한다.

GTX 개통으로 부동산 가격은 얼마나 오를까?

GTX 신설 또는 연장에 따라 미치는 큰 영향 중 부동산 가격의 영향이 가장 민감한 부분일 것이다. 부동산 중에서도 역세권 아파트에 미치는 영향이 가장 민감하게 나타날 것은 잘 알려진 사실이기도 하다. 지난 2016년부터 GTX 철도 계획 발표 영향이 있었고, 2021년부터 GTX 역세권 아파트 투기 열풍까지 불러온 상황이 되었다.

특히나 부동산은 호재가 있을 때마다 반응을 보이며 나타나는 특징이 있다. 따라서 GTX 철도 계획 발표에 따른 부동산 가격 반응은 여러 차례 나누어 나타날 것으로 보인다. 계획 발표 시점에 따라 1차 반응으로 나타났고 공사가 착공되면 2차 반응을 보일 것이며, 개통 2년 전쯤에 또 한 차례 반응을 보일 것이 분명하다. 하지만, 가장 중요한 구간이 개통하고 난 뒤에야 주변 지역에 가장 큰 부동산 상승이 일어난다.

GTX 철도 영향에 의한 부동산 투자 전략

많은 이들이 GTX가 개통 될 지역을 미리 사두고 묵히면 되느냐고 묻는다. 하지만 나는 부동산 투자는 투자 부동산의 미래 가치를 정확한 정보에 기반하여 예측하고 투자하는 것이라고 생각한다. 이에 더해 적절한 타이밍에 투자해야 부동산 투자의 성공 여부가 갈린다. 만약 내가 산 부동산을 10년, 20년 이상 묶어 두어야 오른다면 그것은 잘한 투자라고 보기 어렵다. 기회비용이라는 것이 있기 때문이다.

따라서 필자는 많은 사람들이 GTX 철도 영향지역을 투자 전략지로 기대하고 있는 상황에서 이제 2차 투자 시점을 잘 정해야 한다고 본다. 절대로 예상지 주변 땅을 미리 매수할 필요가 없다. 특히나 GTX 철도는 공사기간이 길고 적지 않은 공사 비용이 들어가는 큰 사업이다. 다시 말해 사업 진행이 언제든지 유동적일 수도 있고 노선에 따라 사업 기간이 수십 년 갈 수도 있다는 뜻이다.

정부의 GTX 계획 발표로 이미 1차적 반응은 노선별로 부동산 가격에 반영된 상황이라고 봐야 할 것이다. 그렇다면 두 번째 투자 타이밍이 시작된 지역도 있을까? 물론이다. 반응이 빠른 지역도 있고 아예 불투명한 지역도 있다. 이에 이러한 상황을 잘 파악하는 노력이 중요한 시점이다. 그렇다면 GTX 2기 개통 소재를 가지고 향후 어떤 지역이 가장 유망한 투자처인지 한번 살펴보도록 하자.

06
GTX 2기 개막 속도 낸다

정부는 기존 GTX 노선들의 연장과 GTX-D, E, F 노선의 본격 추진을 골자로 한 '2기 GTX' 계획을 발표했다. GTX-D, E, F 노선은 2035년 1단계 개통을 목표로 하고 있다. 그렇다면 GTX 투자가 부동산에 호재로 작용하는 곳은 어디일까?

GTX 2기 개통에 따른 부동산 투자 방향

이를 알기 위해서는 먼저 정부의 큰 그림을 봐야 한다. 정부는 3대 교통 혁신 패키지(속도·주거환경·공간)에 약 134조 원을 투자할 계획이라고 밝혔다. 재원은 △국비 30조 원 △지방비 13조6000억 원 △민간재원 75조2000억 원 △신도시 조성원가 반영 9조2000억 원 △공공기관 재원(한국도로공사) 5조6000억 원으로 구성된다. 쉽게 말해 교통에 세금을 많이 쓰겠다는 것이다.

해당 재원은 사업별로는 △GTX(38조6000억 원) △지방 광역 및 도시철도(18조4000억 원) △신도시 교통 개선(11조4000억 원) △철도 및 도로 지하화(65조2000억 원) 등에 쓰인다.

GTX 사업은 정부에서 함께 추진하는 지상철도 지하화 사업과 함께 놓고 봐야 그림이 완성된다. 철도 투자의 경우 별도 재정 투입 없이 상부 개발 이익을 활용한다. 사업시행자는 채권 발행 등으로 재원을 선 조달하게 되고 향후 상부 개발이익으로 비용을 충당하는 구조다.

광역교통개선대책 사업비는 LH 회계 내 광역교통계정 신설 등을 통해 신도시 광역교통 개선에 사업비(약 11조원)를 투자한다. 본 개발사업과 구분 없이 관리 중인 교통대책 사업비를 LH 고유계정과 분리되는 광역교통계정으로 통합해 시급한 사업에 바로 투자 가능할 수 있도록 했다.

GTX-A·B·C 연장 사업은 지자체 비용 부담 우선 검토하고, 그 외 광역, 도시교통 사업은 국비-지방비 매칭으로 추진한다.

2기 GTX 노선 계획

정부에서는 현재 진행되고 있는 GTX A·B·C에 대한적기 개통을 위해 공정을 차질 없이 관리한다는 방침이다. GTX A노선은 2024년 내에 파주 운정~서울역 구간이 개통되고 2028년까지 전 구간 완전 개통을 목표로 하고 있다.

B노선은 재정구간(용산~상봉) 2024년 초 전 구간을 상반기 내에 모두 착공한다. C노선은 2024년 1월 중 착공에 들어갔다.

아울러 2기 GTX 추진을 위해 A·B·C 노선 연장안과 D·E·F 노선 신설 계획도 내놨다. 연장 노선은 먼저 지방자치단체 비용 부담 방식의 협의를 하고 이후에 예비타당성조사 등의 절차를 진행하는 것을 원칙으로 삼았다. 지자체 부담 합의 시 임기 내 착공을 목표로 추진한다.

GTX-A 노선에서는 동탄~평택지제의 20.9㎞ 구간이, B 노선에서는 마석~춘천 55.7㎞, C 노선에서는 덕정~동두천 9.6㎞ 구간과 수원~아산 59.9㎞ 구간이 연장 노선으로 정부와 여야가 긍정적으로 논의 중이다.

신설 노선인 GTX D·E·F는 5차 국가 철도망 계획에 전체 노선을 함께 반영해 속도감 있는 사업을 위해 구간별(1~2단계) 개통을 추진한다. 1단계 노선은 2035년 개통을 목표로 윤석열 정부 임기 내 동시 예타 통과를 추진할 계획이다. 하지만 필자가 예측하나 하자면, GTX D·E·F는 윤석열 정부 임기 내 착공은 힘들 것으로 보인다. 이 책에서 이유를 말해주고 싶지만, 여기에서 밝히기 어렵다는 점을 이해해 주기 바란다. 만약 그 이유가 궁금하다면 필자의 강의에 참여해 인사이트를 얻기 바란다.

지방에도 '광역급행철도' 도입

지방권에도 수도권 GTX와 같은 광역급행철도(x-TX)를 도입한다. 민간의 투자 의향이 있는 사업을 선도사업으로 선정, 추진하고 그 외 사업에 대해서도 급행철도로 추진 가능한 노선을 적극 발굴할 예정이다.

정부는 이를 위한 선도사업으로 대전~세종~충북 광역철도(CTX)를 정했다. 이 사업을 민간이 투자하고 정부가 지원하는 광역급행철도로 개선해 더 빠른 서비스를 제공할 계획이다.

또한 정부는 추가사업으로 4차 철도망 계획에 반영된 지방 광역철도 사업은 민간이 경제성을 높여 사업의향서를 제출하는 경우 최우선 추진을 검토한다. 먼저 대구경북신공항철도는 GTX 급행철도 차량을 투입해 올해 2월 예비타당성 조사를 신청하고 민간투자 유치도 검토한다.

추가로 부산, 울산의 경남권과 호남권 등 지방도시에서 추진 가능한 신규 노선은 지자체와 민간의 건의를 받아 5차 철도망 계획에 반영하는 것을 검토할 예정이다.

한편, 지방 광역, 도시철도망 확충도 이어나간다. 구체적으로 대구, 경북권에서는 2024년 12월 구미~경산의 광역철도 1단계가 지방권 최초로 개통된다. 부산, 울산, 경남권에서는 광역철도 태화강~송정 구간이 2024년 6월 착공에 들어갈 예정이고, 부산~양산~울산 구간도 예타 완료를 추진해 나갈 계획이다.

2장

앞으로 10년간 10배 오를 수밖에 없는 지상철도 지하화 호재

01
지상철도 지하화
법안의 탄생

 철도는 도시의 성장과 발전을 견인하지만, 지상 철도로 인해 발생하는 소음, 진동, 분진 뿐 아니라 지상의 철도 선로로 인한 지역 간 단절이라는 문제가 생기게 된다. 그래서 이를 개선하기 위해 지상철도 지하화 사업이 계획되었다. 지상철도 지하화는 현 윤석열 정부의 주요 국정과제로 도심 가운데를 지나는 지상철도를 지하로 이동하는 사업이다.

 지상철도 지하화 법안은 2023년 국민의힘 권영세 의원이 지상철도 지하화와 철도부지 개발을 위한 법률을 발의한 것이 출발점이다. 권 의원실은 철도를 지하화하고 이를 통해 확보된 공간을 통합 개발하여 도시공간을 효율적으로 활용하자는 내용의 '지상철도 지하화 및 철도부지 통합개발에 관한 특별법안(이하 '철도지하화 특별법안')'을 대표 발의했다.

 권 의원실은 기존 사업체계로는 지상철도 지하화 사업 추진이 어렵다고 판단해 이번 특별법안을 발의하였다. 지상철도 지하화 특별법안은 지상철도를 지하에 신규로 건설하고 기존에 상용했던 지상의 철도 부지와 인접지역을 고밀, 복합 개발 사업으로 추진하여 발생하는 수익을 건설비용으로 충당하고자 하는 것이 기본 구조이다. 법안의 내용을 구체적으로 살펴보면 우선 정부가 철도부지를 사업시행자에게 먼저 현물출자로 진행하고, 사업시행자는 채권을 발행하여 지하 철도건설 사업비를 선투입하는 방식이다. 이후 상부토지를 조성한 후 매각하여 투입비용을 환수하는 것이다.

또 철도지하화 특별법안은 사업의 원활한 추진을 위해 용적률과 건폐율 등에 관한 특례와 부담금의 감면, 도로 등 기반시설 지원에 대한 내용도 포함한다. 국토부 장관이 대상 노선을 선정하기 위해 종합계획을 수립하고 특별시장, 광역시장, 도지사가 노선별로 기본계획을 수립하는 업무 분장안도 마련하였다.

국토부, 50조 사업 투입 예정인 지하화 노선 살펴보니

여기서 국토부가 지상철도 지하화 사업에 어느 정도의 관심이 있는지 알 수 있는 대목이 있다. 국토부는 최소 50조 원이 소요될 것으로 예상되는 지상철도 지하화 사업을 위한 가이드라인을 발표했기 때문이다. 이번 가이드라인 발표로 그동안 추진되지 못했던 지상철도 지하화 사업의 실행 가능성이 높아졌는데 가이드라인 주요 내용을 살펴보면 투자의 포인트를 읽을 수 있다.

국토부는 특히 2024년 12월까지 1차 사업자 선정을 마치고, 2024년 5월까지 추가 사업자를 선정할 계획이다. 지자체는 사업 구간과 범위, 지하화 비용, 상부 개발 이익, 재원 조달 방안 등을 구체적으로 제시해야 하는데 국토부는 지자체의 행정 및 재정적 지원 적극성에 가점을 부여한다는 복안이다.

주요 노선으로는 현재 서울역-금천구청역 구간, 서울역-수색역 구간, 구로역-인천역과 용산역-도봉산역 구간 등이 주요 후보로 꼽히고 있는 상황이다. 지방의 경우 부산 화명역-부산역 구간과, 대구 서대구-사월동 구간, 그리고 광주 광주역-광주송정역 구간 등이 후보지 중 하나다.

앞서도 언급했지만 국토부는 이미 적지 않은 '총알'을 구비해둔 상황이다. 국토부는 50조 원 규모의 재정 투입을 위해 철도 부지를 공공기관에 현물출자하고, 이를 바탕으로 공사채를 발행하는 방식으로 진행될 것으로 보인다. 그러나 여기에도 문제가 없는 건 아니다.

만약 사업성이 낮은 경우라면 공공기관이 부담을 져야 하는 문제가 있으며, 토지 보상 등으로 인한 사업 기간이 지연되는 등의 문제도 예상해 볼 수 있다. 하지만 이번 지상철도 지하화 사업 가이드라인 발표로 그동안 추진되지 못했던 사업의 실행 가능성이 높아졌다는 것만은 분명하다.

02
서울역 주변
확 바뀐다.

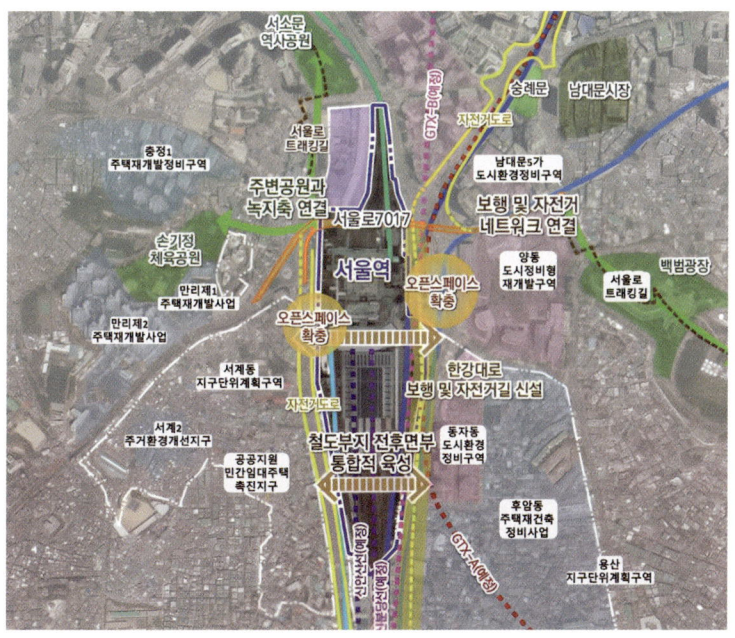

그림 9 서울역 철도지하화 가이드라인 예시(안) (참고자료 : 철도부지 복합개발 가이드라인 수립)

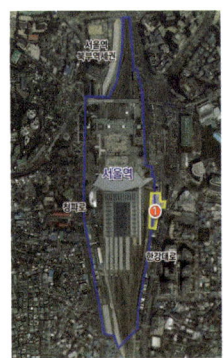

구 분		내 용
위치/면적		용산구 동자동 43-205번지 일대 / 약 210,000㎡
범위·경계 설정		
원칙		용산지구단위계획에 따른 서울역특별계획구역 경계, 토지소유현황, 주변지역 도로 등 고려하여 경계 설정 (별도계획이 진행중인 서울역북부역세권부지는 별도로 구분)
기준	동측	한강대로를 경계로 하되, 한강대로변 소규모 선형필지는 제외
	서측	청파로 경계 설정
	남측	청파로(지하차도) 경계로 하되, 민간부지 제외
	북측	칠패로를 경계로 하되 북부역세권부지 제외

☐ 기관제출 부지 현황

연번	제출기관	제출부지	위치/면적
①	철도공단	서울역 인근	용산구 동자동 43-205번지 일대 / 약 4,299㎡

그림 8 서울역 (참고자료 : 철도부지 복합개발 가이드라인 수립)

 서울역 주변의 개발이 재개되는 것은 가히 수십 년 만이다. 정부는 서울역 일대 약 74만㎡ 규모의 대규모 복합개발 계획을 추진하고 있다. 정부의 복안대로라면 업무, 주거, 상업, 문화 등 다양한 기능이 어우러진 새로운 도심이 조성될 것으로 보인다. 서울역 지하화와 주변 개발 호재로 인해 서울역 주변 부동산 가치가 상승할 것이라는 점은 두 말 할 필요가 없다.

 중요한 것은 현재가 아닌 앞으로의 미래이다. 서울역 주변은 앞으로 얼마나 더 바뀔까? 이는 과거 서울역의 역사적인 위상과 가치에 대해 얘기하는 것이 아니다. 서울역의 현재와 미래를 조명해 보고 주변 주택 및 아파트 등 부동산을 어떻게 볼 것인가에 관한 문제다.

지하화와 GTX가 바꿀 서울역의 풍경

잘 살펴보자. 현재 GTX가 A, B 노선이 서울역을 통과하게 되어 있다. 그뿐만 아니라 신 안산선도 서울역까지 연장될 가능성이 매우 크다. 앞으로 서울역의 철길 노선은 이보다 더 많이 집중될 것이다. 게다가 서울역과 용산역 구간은 이미 약 3조 원 가량을 들여 철길 자체를 지하화하여 재편된다는 점이 밝혀졌다. 특히 서울역은 용산역 주변의 낙수 효과로 다양한 상업시설과 문화시설이 밀집되어 있다. 예를 들어, 서울역은 명동과 남대문 시장과 가까워 쇼핑과 문화를 즐길 수 있는 최적의 장소이다. 용산역에는 용산 아이파크와 같은 유명한 복합 문화 공간이 있다. 이러한 상업시설과 문화시설의 존재는 주변 부동산의 가격에 영향을 미칠 수밖에 없다.

또한, 서울역과 용산역 지역은 대중교통이 잘 발달되어 있어 주요 도시와의 경제 교류가 다소 활발하게 이루어지고 있다. 그래서 서울역과 용산역 지역은 다수의 기업유입과 더불어 주변 거주지의 집값 상승까지도 기대할 수 있다.

그렇다면 서울역 개발의 수요는 어디에서 나올까? 바로 서울 중심지에서의 근무를 선호하는 직장인들일 것이다. 이들이 서울역과 용산의 부동산 시장을 활성화하며 가격을 끌어올릴 1차 추체들이다.

만리동과 중림동을 주목해야 하는 이유

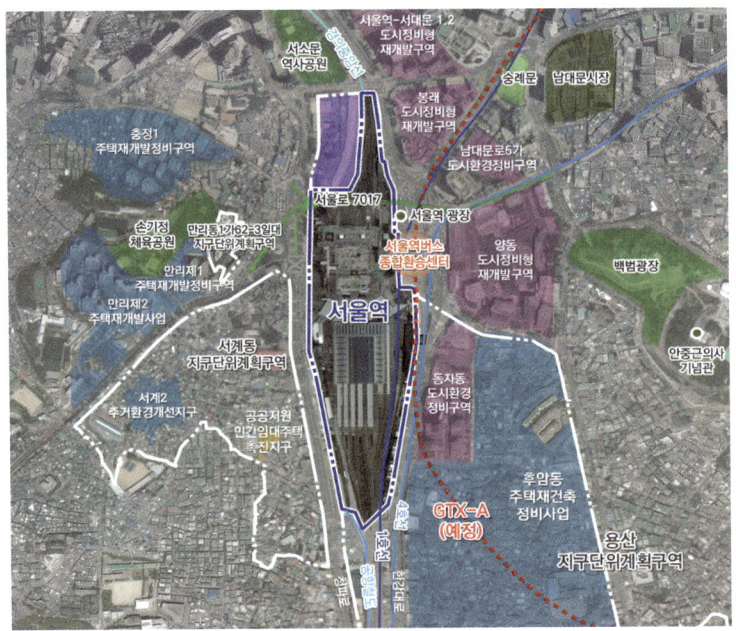

그림 10 서울역 주변 지역 개발 현황 (참고자료 : 철도부지 복합개발 가이드라인 수립)

그렇다면 부동산 투자자라면 서울역 주변 어느 지역에 투자하는 것이 좋을까? 추천을 하자면, 만리동과 중림동을 꼽는다. 만리동은 서울역 인근 지역으로, 서울역 지하화 및 주변 개발 호재로 인한 부동산의 가치가 높다. 특히 만리2구역의 경우, 남산 조망권이 있어 투자 매력이 높은 것으로 평가되고 있다. 또, 염천교 일대가 재개발 될 예정으로 자산 가치가 크게 상승할 것으로 전망된다.

03
준공업지, 준주거지로의 탈바꿈
영등포 재개발, 재건축

영등포는 여의도, 영등포시장, IFC, 더현대서울 등 주요 랜드마크가 위치해 있어 상징성이 높다. 특히 영등포 지역은 대규모 재개발 사업이 진행 중이며, 신안산선 개통으로 교통 편의성이 크게 향상될 것으로 기대되는 핵심 투자처이기도 하다.

영등포 뉴타운 개발 현황

영등포 뉴타운은 서울시 영등포구에 위치한 대규모 도시개발 사업으로 영등포 재정비촉진지구 내에서 진행되고 있으며, 총 1,182세대 규모의 대단지 아파트 단지가 조성될 예정이다.

최근에는 1-12구역, 1-14구역, 1-18구역이 통합 개발되는 것으로 확정되었다. 이를 통해 약 1,182세대 규모의 대단지 아파트 단지가 조성될 예정이다.

영등포 뉴타운 사업은 적정 규모의 생활권역을 대상으로 도시기반시설을 확충하고, 다양한 계층과 세대가 함께 살 수 있는 '인간 중심의 커뮤니티'를 조성하는 것을 목표로 하고 있다. 또한 영등포 일대에서는 뉴타운 사업 외에도 다양한 개발 사업이 진행 중이며 여의도 파크원, 여의도 파크센트럴 등 대규모 복합개발 사업이 추진되고 있어서 영등포 일대가 서울의 새로운 중심지로 부상할 것으로 기대되고 있다.

종합적으로, 영등포 뉴타운 사업은 영등포구 내 대규모 도시개발 사업으로, 1,182세대 규모의 대단지 아파트 단지 조성을 목표로 하고 있다. 이를 통해 적정 규모의 생활권역 조성과 인간 중심의 커뮤니티 형성을 추구하고 있다.

특히 초고층 복합단지 '파크원(Parc1)'이 들어서면서, 영등포 지역

그림 11 영등포역 주변 지역 개발 현황 (참고자료 : 철도부지 복합개발 가이드라인 수립)

의 부동산 가치가 상승하고 있다.

  현재 영등포 지역은 도림동, 문래동 등을 중심으로 대규모 재개발 사업이 진행 중이며 특히 도림동 일대는 신안산선 개통으로 교통 편의성이 크게 향상될 것으로 기대되어, 부동산 투자 매력도가 높아졌다. 안산시에서 여의도를 연결하는 광역철도 노선인 신안산선의 경우 총 연장 약 30km로 계획되어 있으며, 2025년 4월 개통을 목표로 추진 중이다. 다만 현재 공정률이 33%에 그치고 있어, 2025년 4월 개통은 사실상 불가능한 것으로 보여진다.

  2021년 5월 기준 전체 공정률은 2.97%에 불과한 상황으로 1공구(안산시 구간)의 경우 수직구 굴착 작업이 완료된 상태다. 공정 지연 및 지반 문제 등으로 인해 3~4년 늦춰질 수 있지만 투자자에게는 그만큼 기회이기도 하다.

04
공업단지에서 직주락(職住樂)으로 새롭게 태어나는 구로

오세훈 서울 시장의 지역단위 도시 대개조의 대표적인 지역이 바로 서남권이다. 서남권을 '직(職), 주(住), 락(樂)이 어우러진 미래 첨단 도시'로 혁신하겠다는 계획을 발표했다.

1960~70년대 소비, 제조, 산업 중심지였던 구로는 현재 가장 낙후되고 침체된 지역으로 대표되고 있는 상황이다. 서남권 대개조 계획에 따르면, 구로를 포함해 제조업 중심이었던 이 지역을 향후 미래 첨단, 융복합산업 집적지로 전환하고자 한다. 그리고 노후 주거지는 직, 주, 락을 이루는 주거환경을 조성하여 여가와 문화뿐 아니라 녹색감성을 결합하겠다는 것이 핵심이다.

오세훈 시장의 서남권 대개조 전략

서남권 지역은 여러 개발 호재가 많은 곳이다. 특히 가용 부지가 많고 인접한 곳에 신도시가 조성되고 있다. 그리고 광역급행철도(GTX) 등 교통인프라를 이미 확보하고 있다. 무엇보다도 첨단산업 생태계가 형성되어 있고, 서울시 청년의 33%가 거주하는 등 앞으로의 개발 가능성에 대한 잠재력이 충분히 큰 지역으로 평가받고 있기도 하다.

　서울시는 이러한 서남권 지역의 발전 가능성을 적극 이용하여 서남권 대개조라는 새로운 도시혁신에 대한 패러다임을 마련한다는 계획을 발표했다. 이른바 '서남권 대개조'는 산업혁신, 주거공간 혁신이라는 대전제하에 녹색매력을 더한 '新경제, 新생활 중심도시'라는 핵심 비전으로 내걸고 있다.

서남권 대개조 핵심 내용을 살펴보면 크게 산업혁신, 교통인프라 개선, 녹색 교통체계 구축 등 3대 정책 과제 내용이 담겨 있다.

그림 12 준공업지역을 미래 첨단·융복합산업공간으로 혁신하는 서남권 대개조 계획 (참고자료 : 내 손안에 서울, 2024.02.27)

내용을 자세히 살펴보자. 우선 구로와 같은 준공업지역을 미래 첨단, 융복합산업 집적지로 전환하겠다고 밝혔다. 수도권 접점 지역의 대규모 부지 개발로 서남부 동반성장의 거점을 조성하겠다는 것이다. 또한 산업, 주거, 문화 등 다양한 기능 융복합을 허용하고 용적률 인센티브를 개선하기로 했다. 이를 위해 첨단산업의 기업 유치와 육성을 위한 '산업혁신구역'을 지정할 계획이다.

서울시는 '공업지역 기본계획'을 바탕으로 산업혁신구역에 대한 계획수립 및 지정 기준을 마련하고 2025년 시범사업지에 대한 선정을 시작으로 순차적으로 확대할 계획이다.

특히 구로기계 공구상가, 구로중앙 유통단지 등 과거 수도권의 산업유통거점 기능을 하던 대형시설들을 도심 물류와 미래형 업무기능이 융합된 핵심산업 에 대한 거점으로 탈바꿈한다. 맞춤형 사전기획과 인센티브 지원을 통해 민간 중심의 개발을 유도하는 방식을 채택할 것으로 보인다.

서울시의 발표에 따르면 연내 지구별 제도개선, 기본계획 수립 등을 실시하고, 2024년부터 단계적으로 공사를 시작한다. 이르면 2026년부터 변화된 서남권 지역의 모습을 순차적으로 확인할 수 있을 것으로 기대해 볼 수 있다.

3장

앞으로 10년 안에 5배 오를 철도 호재

01
용산
- KTX, 경의중앙선, 1호선, 신분당선, 4호선 -

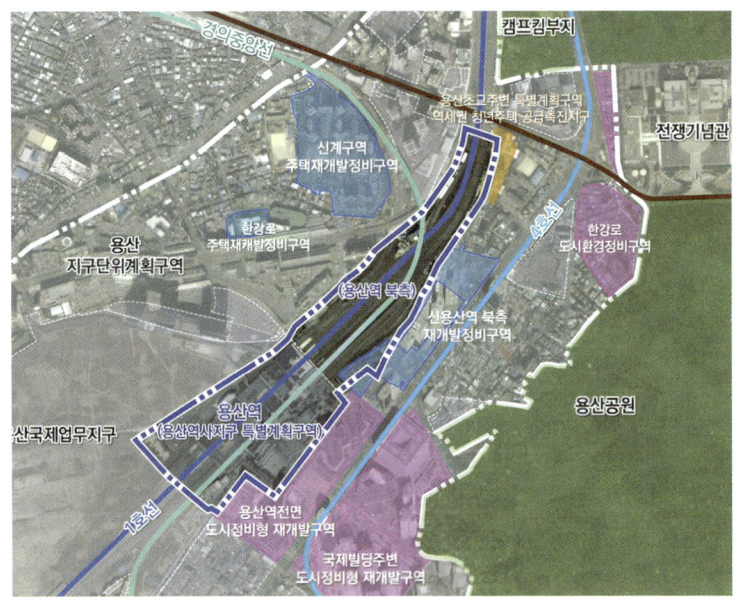

그림 13 용산역 주변 개발 현황 (참고자료 : 철도부지 복합개발 가이드라인 수립)

많은 부동산 투자자들이 필자에게 용산의 미래를 묻는다. 그럴 때마다 단 한 마디로 정리한다.

"용산은 앞으로 천지개벽을 할 동네다!"

2024년 2월 5일, 서울시가 발표한 '용산국제업무지구 개발계획'에 그 답이 있다. 시는 2024년 상반기 구역 지정을 목표로 사업 추진에 들어간다고 밝혔다. 오는 2025년 하반기 기반시설 착공을 시작으로 2030년대 초반에는 입주가 시작될 것이다. 용산의 천지개벽할 변화가 눈에 보이는가.

용산국제업무지구는 사실 이미 도시개발구역으로 지정된 전력이 있다. 지난 2010년 도시개발구역으로 지정된 용산의 개발 계획은 2013년 글로벌 금융위기 사태와 자금부족으로 한차례 무산되었다. 그 이후 용산역 주변은 오랜 기간 방치되어 왔던 것이 사실이다.

하지만 이번에 서울시가 발표한 '용산국제업무지구' 계획을 통해 용산 개발에 대한 재시동을 걸고 있다. 특히 용산역 KTX, 경의중앙선 지하화 등의 교통 호재로 용산역의 미래 가치는 더욱 주목받을 것으로 보인다.

용산국제업무지구 개발이 완료되면 어떤 것들이 달라질까? 우선 고용 수치가 급격히 늘어난다. 서울시 예측에 따르면, 14만6000명의 고용 효과와 무려 32조6000억 원의 생산이 증가될 것으로 기대한다. 이런 기대 효과가 부동산 가격에 반영되리라는 건 당연한 논리적 귀결이다.

현재 GTX-B 노선 중 정부 재정이 투입된 용산~상봉 구간에 대한 실시계획을 승인받았다. 이후 본격 착공에 돌입할 계획으로 알려져 있는 상황이다. 현재 현지 집 주인들은 이미 용산국제업무지구 입주 시점에 맞춰 B노선의 개통을 앞두고 집값 상승을 점치고 있다.

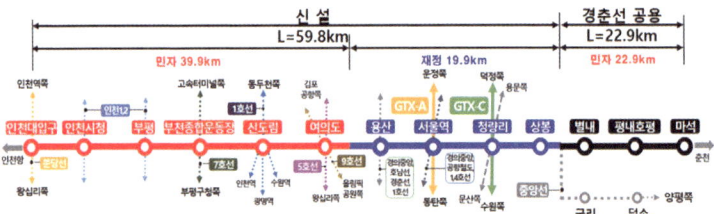

그림 14 GTX-B 노선 신설 구간 (참고자료 : 국가철도공단 보도자료, 2023. 01. 17)

용산~상봉 구간은 총사업비 2조 7584억 원을 투입할 계획이라고 한다. 용산과 상봉 간 본선 19.95㎞와 상봉과 중앙선 간 연결선 4.27㎞인 용산, 서울역, 청량리, 상봉을 신설한다는 큰 그림이다. 2023년 1월 설계에 착수한 뒤로 현재 공사 발주를 위한 설계 마무리 단계에 있다고 하니 앞으로 용산의 발전이 기대되는 대목이다.

02
상계, 광운대 역세권
- GTX-C, 지상철도 지하화, 창동차량사업소 -

광역중심 상업 및 업무기능
GTX-C, 전시·컨벤션, 특급호텔·회의공간, 공항버스터미널, 통합환승역사, 복합상업공간

문화·예술기능
서울아레나, 문화예술공방, 사진미술관, 로봇과학관, 문화특화산업공간

미래기술 기반 산업 기능
스타트업 공간, 지식혁신센터, UAM터미널, 중소기업업무 공간, Living Lab., 대기업·다국적기업 앵커공간, 데이터플랫폼

생활 지원기능
상업유통, 편의시설, 쇼핑몰, 지역중심업무, 세대용합영주거기능, 전시·문화공간, 도매시장

그림 15 상계역 개발 계획 (참고자료 : 서울균형발전포털, 2024.07.30)

창동, 상계 지역은 서울뿐만 아니라 수도권 동북부의 일자리, 문화산업 중심지로 육성하고자 하는 지역이다. 이 지역은 교통체계, 보행 및 녹지체계, 공간 활용 등 각 부문의 계획이 예정대로 개발되면 수도권 동북부의 새로운 중심지로 성장하게 될 것이다.

　서울시는 창동상계 신도심지를 육성하기 위한 3대 방향으로 ①스마트 도시 ②문화 도시 ③감성 도시로 계획했다. 이는 복합문화, 여가기능, 창업육성, 문화기능, 복합환승기능, 미래산업기반 중심기능, 상업문화 복합지원기능에 대한 부지별로 배분하여 일자리에 대한 기반을 마련하고 동북권의 광역중심지를 구축하는 것이 핵심이다.

중·대형 공연장, 영화관 및 상업시설 등 다양한 공연인프라를 갖춘 글로벌 복합문화시설인 '서울아레나'를 비롯하여 성장형 창업기업의 엑셀러레이팅 거점으로 창업기능 지원과 문화산업을 지원하는 '씨드큐브 창동' 세대융합형 복합시설인 '창동 아우르네' 나아가 동북권 창업센터(서울창업허브 창동)까지 지역 인프라를 키워나갈 예정이다.

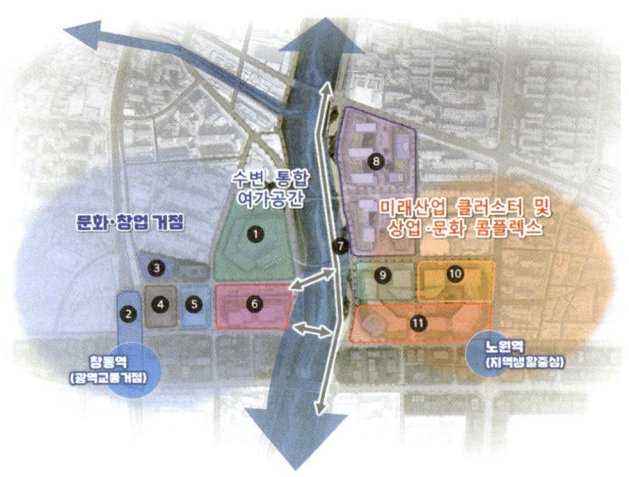

① 서울 아레나　　② 창동민자역사
③ 창동아우르네　　④ 복합환승센터
⑤ 씨드큐브창동　　⑥ 복합유통센터
⑦ 기반시설　　　　⑧ 혁신기업입주공간
⑨ 앵커시설단지　　⑩ 신산업R&D센터
⑪ 상업문화콤플렉스

그림 16 창동상계 신도심지 육성 계획 (참고자료 : 서울균형발전포털, 2024.07.30)

그림 17 서울 아레나 예상도 (참고자료 : 서울균형발전포털, 2024.07.30)

그림 18 씨드큐브 창동 예상도 (참고자료 : 서울균형발전포털, 024.07.30)

동부간선도로 지하차도 건설

그림 19 창동교를 이용한 보행 네트워크 예상도 (참고자료 : 서울균형발전포털, 2024.07.30)

서울시는 동부간선도로에 의한 동서간의 단절을 극복하는 지역 연계체계를 구축하고, 주변지역의 교통여건 및 중랑천수변 접근에 대한 개선을 통해 지역경제의 활성화를 도모하고자, 기존의 도로를 지하차도로 건설하고 상부를 공원화하는 계획도 추진 중이다.

중랑천 및 동부간선도로(창동~상계구간)에 의해 단절되어 창동교를 이용한 우회동선을 보완하는 보행 네트워크(창동역~노원역)를 신설하고자 한다. 전시관, 체험관, 상영관, 부대시설 등 로봇의 역사에서부터 미래 로봇의 확장성까지 예술과 과학이 융·복합될 수 있는 공간을 마련하고자 한다. 그 공간으로 로봇인공지능과학관도 만들 계획이며, 이는 2024년 8월 20일 개관을 앞두고 있다. 그리고 예술사진, 비디오, 미디어아트 등을 포괄하며, 아시아권의 사진문화를 하나로 묶는 '서울 사진미술관'을 계획하여, 2024년 연말에 오픈을 앞두고 있다.

농협 하나로마트 부지의 경우, 광역중심 육성을 위한 쇼핑, 업무, 문화 등 복합기능을 도입한 복합유통센터의 현대화 건립을 추진하고 있다. 서울시는 오픈스페이스, 문화예술 거점과 연계하여 중심기능을 강화할 계획이다.

서울시는 창동차량기지와 도봉면허시험장에 대해서 창동 차량기지 이전사업(진접차량기지 건설사업)이 완료되기 전까지 사업의 기반을 마련하고, 이전 완료 이후 특화산업집적지를 조성하겠다고 밝혔다. 창동 차량기지에 대한 이전사업과 함께 도봉면허시험장 이전, 재배치를 통하여 미래산업 클러스터, 복합상업단지 개발을 추진한다는 계획이다.

광운대역 물류부지에 HDC현산 본사 이전한다?

오세훈 서울시장이 2024년 3월에 '일자리 중심 경제도시 강북'을 비전으로 하는 '강북권 대개조-강북 전성시대' 프로젝트를 발표했다. 강북 전성시대라고? 무슨 말일까. 이는 강북의 대규모의 유휴부지에

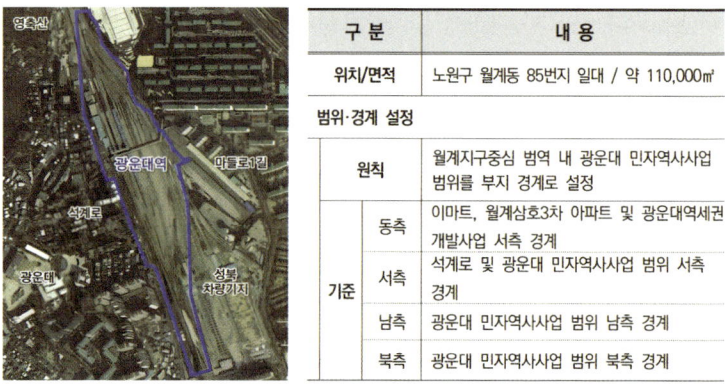

구분		내용
위치/면적		노원구 월계동 85번지 일대 / 약 110,000㎡
범위·경계 설정		
원칙		월계지구중심 범역 내 광운대 민자역사사업 범위를 부지 경계로 설정
기준	동측	이마트, 월계삼호3차 아파트 및 광운대역세권 개발사업 서측 경계
	서측	석계로 및 광운대 민자역사사업 범위 서측 경계
	남측	광운대 민자역사사업 범위 남측 경계
	북측	광운대 민자역사사업 범위 북측 경계

그림 20 광운대역 (참고자료 : 철도부지 복합개발 가이드라인 수립)

그림 21 광운대역 주변 지역 개발 현황 (참고자료 : 철도부지 복합개발 가이드라인 수립)

대한 개발 플랜으로, 첨단산업과 일자리 창출 거점으로 조성하겠다는 큰 그림이 담겨져 있다.

이렇게 되면 약 15만㎡ 규모의 부지에 HDC 현대산업개발 본사 이전 등 업무, 상업, 주거 복합개발을 통해 동북권 경제 거점으로 바뀌게 된다. 이를 위해 서울시는 노원구, HDC 현대산업개발과 강북 대개조 사업의 시작이 될 「광운대역 물류부지 동북권 신(新)생활, 지역경제거점 조성을 위한 업무협약」을 체결한다고 밝혔다.

2009년부터 재개발 추진

광운대역 물류부지는 과거 동북권 지역 내 화물을 담당하던 중요한 거점이었다. 일부에서는 지역경제의 한 축으로 중요한 역할을 해왔으나 시설이 낡고 분진·소음 등의 문제가 지적되어 왔다. 이에 서울시가 2009년부터 사전협상을 통한 재개발을 추진하기 시작했다.

이후 서울시는 수많은 논의와 협의 등을 거쳤다. 그리고 2023년 9월, 최고 49층 높이의 업무, 상업, 주거시설로 이뤄진 복합시설개발을 진행하기 위한 지구단위계획 결정안을 발표했다.

그 내용으로 광운대역 물류부지에는 상업, 업무시설을 비롯해 주거, 공공기숙사, 생활 SOC시설 등을 조성할 계획이다. 서울시의 계획은 자족기능 확보와 기반시설 확충, 그리고 열린 공간 조성을 목표로 한다.

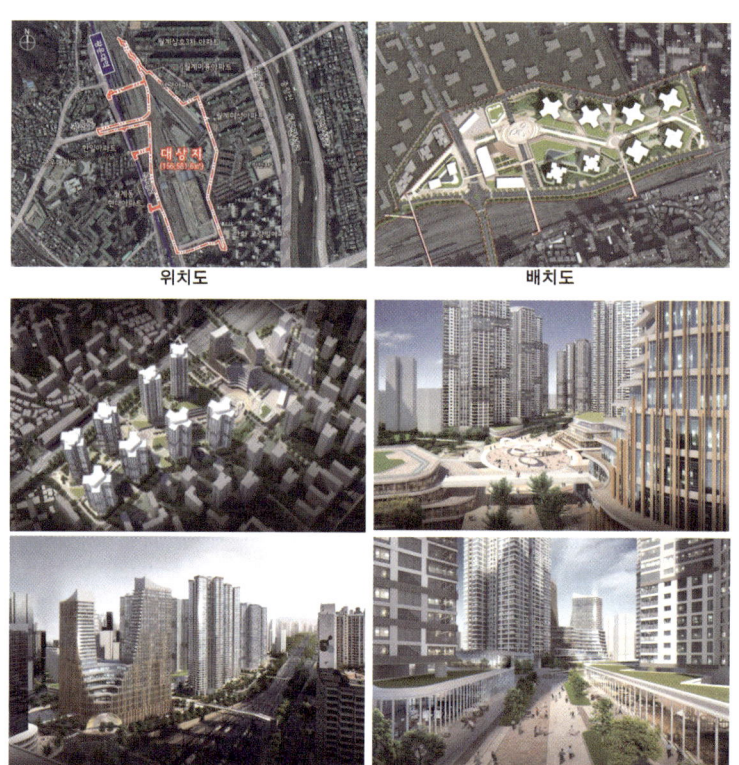

그림 22 광운대역 물류부지 계획 (서울시 보도자료, 2023.09.14)

    서울시는 이번 업무협약을 시작으로 상업, 업무시설부지에 대한 본격적인 사업추진에 들어갈 것이라고 밝힌 걸 보면 앞으로 이 일대가 획기적인 경제적 변화가 찾아오지 않을까 한다.

    필자는 오세훈 시장의 도시 개발 안목이 탁월하다고 생각한다. 특히 오세훈 시장은 대기업과 연계하여 서울을 발전시켜 나가는 뛰어난 전략가이기도 하다.

    그 대표적인 예로 광운대역 물류기지 개발의 주인공으로 HDC 현대산업개발과의 연계이다.

　보도에 따르면, HDC 현대산업개발은 2028년까지 본사 이전을 적극적으로 추진할 계획이다. 이 과정에서 서울시와 노원구는 원활한 사업추진을 위한 행정절차 이행, 지원 등을 적극 협력한다고 하니 백지장을 맞든 셈이다.

　보통 대기업이 투자를 하면 대개는 시간이 흘러 방치되는 경우가 많다. 하지만 HDC 현대산업개발은 상업시설 전체를 분양하지 않는다고 한다. 일부 부지를 직접 보유해 지속적으로 관리하겠다는 것이다. HDC 현대산업개발 본사 이전은 광운대역 인근의 일자리 창출은 물론 지역 경제 활성화에 불을 당길 것이다.

　서울시는 여기에 덧붙여 철도시설을 추가로 만들 계획이다. 왕복 4차로 동~서 연결도로를 신설하는 등 지역 인프라를 개선한다고 밝혔다.

03
수원
- 경부선, GTX-C, 1호선, 수인분당선 -

　수원역은 앞으로 GTX-C 노선 개통 등으로 지역이 새롭게 활성화될 것으로 보인다. GTX-C는 수원역에서 출발해 인덕원역과 삼성역, 청량리역, 의정부역 등을 거쳐 덕정역에 이르는 86.46km 구간이다.

　2028년 개통 예정인 GTX-C 노선은 총 14개역으로 이들 모두 일반 지하철로 갈아탈 수 있는 환승역이 된다. 이 노선이 개통되면 수원역에서 삼성역까지는 27분, 경기 북부까지 1시간 안에 갈 수 있게 된다. 이는 교통 인프라의 개선을 통한 직주근접을 확장하겠다는 것이다.

　수원역에 GTX가 생기면 무슨 일이 벌어질까? 앞서 언급했듯 교통망의 변화는 인근 개발로 이어진다. GTX-C 노선은 수원역 부근을 '경기남부 광역철도망 거점'으로 바꿀 프로젝트이다. 경기의 변방이었던 수원이 수도권 주요 지역, 전국 주요 역까지 연결된다. 바야흐로 수원역 일대가 천지개벽을 하는 셈이다.

광교에서 강남까지 50분

수원의 이런 변화가 잘 예측이 안 된다면, 앞서 다른 사례를 살펴보면 된다. 2016년 신분당선 정자역~광교역 구간이 개통될 당시, 광교역에서 서울 강남역까지 30분대가 나왔다. 수원과 강남을 50분대에 연결하는 게 마냥 꿈이 아닌 이유다.

이후에도 2020년에는 수인선 복선전철 3단계 수원역~한대앞역 구간(19.9km)이 개통되면서 수인선이 25년 만에 전 구간 연결되었다. 현재, 수원의 교통 인프라 확충 사업은 진행형이라고 볼 수 있다.

2020년 1월 예비타당성조사를 통과한 '신분당선 광교~호매실 구간 (9.88km) 연장 사업'은 착공 예정으로 개통되면 호매실에서 강남까지 50분 안에 갈 수 있게 된다.

인덕원(안양)에서 의왕, 수원, 용인(흥덕), 화성(동탄)까지 이어지는 '동탄인덕원선 복선 전철 건설사업'도 착공을 앞두고 있는 상황이다. 또한 수원 구간에는 무려 6개 역이 들어설 예정이다. 이뿐만이 아니라, 수원역을 KTX로 출발하여 서정리역과 지제역을 연결하는 '수원발 KTX 직결사업'과 동탄도시철도 망포역 연장 사업도 순조롭게 진행되고 있다.

수원시는 경기 남부의 교통의 한 축을 잇는 핵심 지역이 되겠다는 포부가 나타난다. 수원시는 2023년 8월에 '서울 3호선 연장, 경기남부광역철도 기본구상 및 사전타당성조사 용역'을 발주를 진행하였다. 이는 경기도의 용인, 성남, 화성시와 공동 추진하는 것으로 이 용역 결과를 바탕으로 국토교통부의 '제5차 국가철도망구축계획'에 반영하는 것을 목표로 한다.

수원역 KTX 출발역 된다

앞서도 언급한 것처럼 수원발 KTX 직결사업은 수원역을 KTX 출발 거점으로 만드는 사업이다. 현재는 하루 4회 출발하는 부산행 KTX와 비교해보면 수원발 KTX 직결사업을 통해 운행 횟수가 대폭 증가되고, 목포행 KTX도 운행이 가능하게 된다.

수원시 철도 네트워크

필자가 보기에 수원역은 GTX-C 노선의 마지막 역으로, 여러 교통수단과 환승이 가능한 곳으로 될 가능성이 높다. 즉, 이는 수원역 일대의 개발 및 투자 가치를 더욱 높일 것으로 기대된다. GTX-C 노선 개통에 따른 수원역 주변 지역의 접근성 향상으로 인해 해당 지역의 부동산 가치는 더욱 상승할 것이다.

따라서, GTX-C 노선 개통을 앞두고 있는 수원역 인근의 미분양 아파트나 개발 예정지 등이 투자 유망 지역으로 주목받고 있다. 따라서 주변 지역의 부동산 시장에 대한 관심이 높아지고 있으며, 선제적인 투자가 이루어지고 있다.

04
광명
- 경부선, 신안산선, 월판선, 1호선 -

 광명의 경우 현재 서울 수색과 경기 광명을 잇는 고속철도 전용선을 지하에 신설하는 사업이 예비타당성조사(예타)를 통과한 상태다. 고속철도 전용선이 신설되면 서울역과 광명역 간 KTX 이동 시간이 10분 이내로 줄어들게 된다.

 현재, 수색~서울~용산~광명 구간의 선로는 KTX와 일반 기차, 지하철이 함께 운행 중인 일반선로이다. 그래서 선로용량 부족 등의 문제가 발생하기 때문에 국토부는 사업비 2조 4823억 원을 들여 연장 23.6㎞ 구간의 고속철도 전용선을 지하에 건설하고 있는 상태다. 광명역 고속지상철도 지하화가 추진되면서 모든 구간이 고속철도 전용선으로 구축된다. 고속지상철도 지하화가 완성이 되면, 서울과 용산에서 출발하는 모든 고속철도의 운행시간이 단축될 수밖에 없다. 전용선 완성으로 인해 열차의 표정속도(scheduled speed, 출발역에서 종착역까지의 거리를 열차 운행 소요 시간으로 나눈 속도)에서 큰 변화가 나타나는데 기존의 91.0㎞/h에서 115.6㎞/h로 빨라질 것이다. 시간으로 살펴보면 서울역~광명역 간 KTX 운행 시간이 현재 14.5분에서 9.5분으로 약 5분 정도 줄어들 것으로 보고 있다. 행신역 출발의 경우 광명역까지 현재 41분 정도 소요되나 전용선을 이용하면 21.5분으로 약 19.5분의 시간 절약 효과가 나타난다.

정부 추산으로는 선로용량이 늘어나면, KTX의 추가 운행이 가능

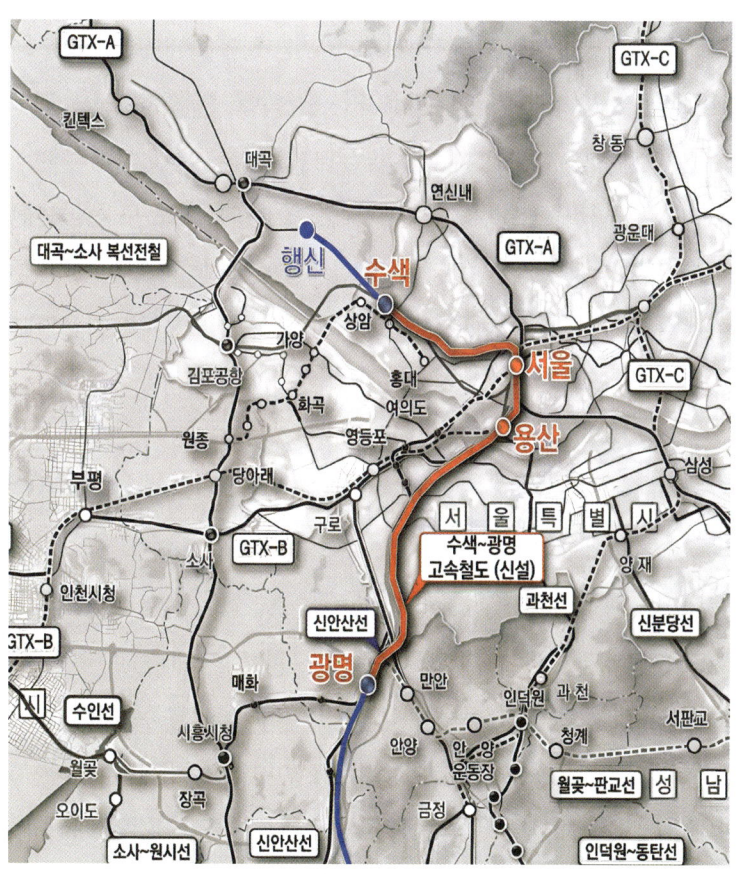

그림 23 수색~광명 고속철도 사업 노선도 (참고자료 : 국토부 ,보도자료, 2022.06.30)

해져 열차 운행 간격도 짧아질 것으로 예측된다. 특히 서울(용산)역-광명역 KTX 운행은 현재는 하루에 120회 운행을 진행하고 있으나, 2029년에는 하루 180회로 60회 정도 증가할 전망이다.

  국토부는 균형발전, 반나절 생활권 구축 등 고속철도의 건설계획 취지에 맞도록 2023년 하반기 기본계획을 수립하였다. 그리고 기본, 실시설계를 거쳐 2025년 착공에 들어간다. 이 사업은 광명~평택 2복선화, 평택~오송 2복선화 사업과 연계되면 훨씬 더 파급 효과가 클 것이다.

05
수색
- 지상철도 지하화 -

상암DMC 개발, 은평뉴타운의 가치가 10배 높아진다?

2024년 5월 서울시에서 마포구 수색역과 DMC 일대를 국제 디지털 미디어 클러스터로 개발하는 청사진이 나왔다. 수색차량기지 이전

그림 24 DMC 개발 계획 (참고자료 : 서울균형발전포털, 2024.07.30)

이라는 변수가 있지만, 수색차량기지의 개발이 완료되면 은평구의 수색증산 뉴타운에 꽤 큰 호재로 작용할 것이다.

수색증산 뉴타운은 마포구 상암동과 은평구 수색동에 걸친 지역이다. 2개의 구는 수색역 지상철도를 기준으로 나누어져 있으며, 거리는 코앞이지만 서로 다른 상권 지역을 형성하고 있다. 상암동의 경우 미디어 센터 중심이며 수색동은 주거 단지가 밀집되어 있다.

현재 수색증산 뉴타운의 경우 지상철도로 인한 소음 문제가 심각한 상황이다. 이들 단지는 수색역부터 서울역까지 쭉 이어지는 철도 라인 옆에 위치해, 꽤 많은 단지가 이러한 피해를 감수하며 지내고 있는 상황이다.

그러나 수색증산 뉴타운의 잠재 가치는 매우 높다. 알다시피 미디어시티에는 수많은 일자리가 있고 배후에는 고급 주거단지가 형성되어 있다. 만약 이 두 지역의 교류가 이뤄지게 되면 서울에서 매우 가치가 높은 지역으로 바뀔 가능성이 높다. 그런데 이런 상황에서 얼마 전 서울시에서 의미 있는 발표가 하나 나왔다.

수색차량기지 이렇게 바뀐다

서울시에서는 수색, DMC역 주변 지구단위계획 변경안의 열람 공고를 시작했다. 알다시피 DMC역에서 수색역까지는 수색차량기지가 있다. 이 차량기지의 규모가 방대하기에 이로 인해 현재는 수색증산

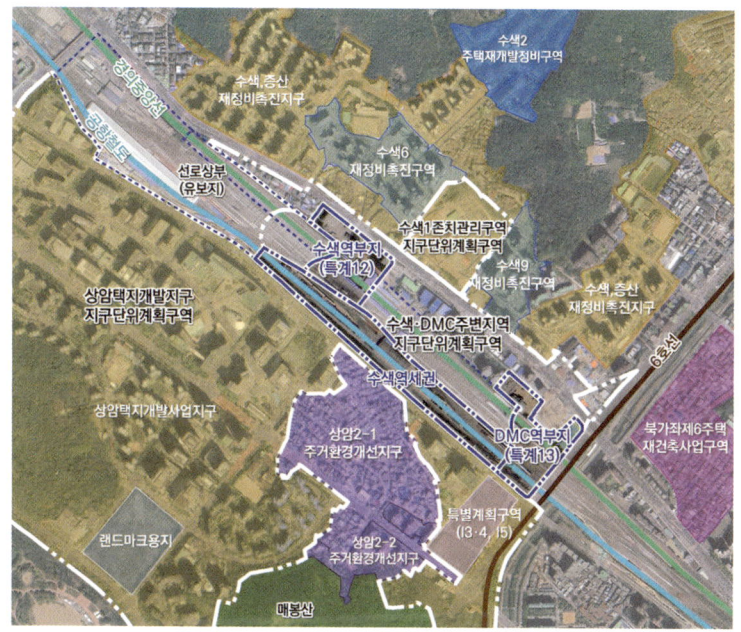

그림 25 수색·DMC 역 주변 개발 계획 (참고자료 : 철도부지 복합개발 가이드라인 수립)

뉴타운과 상암 업무지구가 단절되어 있는 상태다. 이에 서울시에서는 수색차량기지를 경기도 고양시로 이전하는 방안을 논의하고 있다. 이렇게 되면 이 부지를 어떻게 활용하게 될까?

서울시가 발표한 계획안을 보면 수색차량기지를 총 14개로 나누는 내용이 포함되어 있다. 특히 일부 철도 상부에는 데크를 조성해서 단절되었던 지역이 연결될 수 있도록 할 예정이다. 지하철 6호선 DMC역 용지에는 상업, 문화, 오락이 포함된 복합시설이 들어올 예정이다. 경의중앙선 수색역 용지의 경우 상업, 예술, 공연 기능이 모인 공간으로 만들어질 예정이다.

특히 차량기지의 이전용지에는 상암 업무지구가 있다는 점을 고려하여 주거 및 업무시설을 지을 계획이다. 서울시는 수색역 남측에는 30층 높이의 업무, 숙박 시설을 계획하는 것으로 알려져 있다.

하지만 관건은 수색 차량기지이전이 확정되어야 하는데 코레일 측에서는 2030년 이후부터 실질적인 개발이 이뤄질 것으로 보고 있는 상황이다.

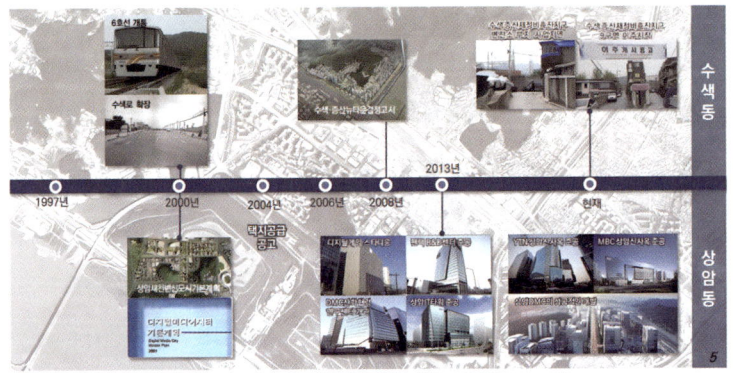

그림 26 수색·상암동의 과거와 현재 (참고자료 : 서울균형발전포털, 2024.07.30)

현재의 모습과, 향후 수색역세권이 개발된 모습을 한 번 상상해 보자. 계획은 이미 발표되었고, 국가계획은 시간이 걸릴지언정 예정대로 추진될 수밖에 없다.

투자는 현재가 아닌 미래를 보고 하는 것이다. 2030년이 되면 수색기지의 가치는 가격에 이미 반영된 이후일 것이다. 당신은 호재를 미리 알고 선점하여 투자하는 사람인가, 아니면 뒤늦게 오른 가격을 따라서 좇아가는 사람인가.

06
인덕원
- GTX-C, 월판선, 동탄인덕원선, 4호선 -

GTX-C 노선은 인덕원역이 개통하면 무슨 일이 생길까.

인덕원역 개발은 GTX-C 노선이 2024년에 착공하여, 2028년 말에 개통할 예정이다. 이미 경부선 지하화 특별법의 국회 본회의 통과로 안양시를 관통하는 철도교통 계획은 속도를 내는 상황이다. 특히 GTX-C 노선은 수도권 광역급행철도 체계의 일부로, 수도권 교통 혁신에 마중물 역할을 할 것이다. 그 중에서도 인덕원역은 중요한 환승 거점 역할을 할 것이다.

GTX-C 노선 개요

여기서 GTX-C 노선에 대해 한 번 더 살펴보자. GTX-C는 연장

86.46km 정도이며, 양주의 덕정역에서 수원의 수원역을 잇는 노선이다. 인덕원역을 포함한 총 14개 역이 설치될 예정이다. 현재, 인덕원역은 4호선 과천선만 운영하고 있다. 향후 동탄인덕원선, GTX-C 그리고 수도권 전철 경강선이 모두 개통이 되면 인덕원역에는 복합환승센터가 만들어질 것으로 보인다.

이밖에도 안양에는 교통의 호재가 많다. 지하철 1·4호선이 지나는 안양은 GTX-C 노선을 비롯해 월곶~판교선, 인덕원~동탄선, 신안산선 등 4개 철도 노선의 추가 설치가 확정되어 추진 중이다. 여기에 만약 경부선 지하화까지 이루어지면 역세권의 지상에는 철길 대신 주거, 상업, 녹지공간이 조성되면서 개발 붐이 일어날 수밖에 없다.

인덕원역까지 지상철도 지하화가 완성되면 어떤 변화가 생길지 상상해 보자. 지상 철도부지의 개발을 통해 주택을 지을 부지가 늘어나고, 인구 유입에 따른 상권이 조성되면 일자리 창출에도 큰 영향을 미치게 된다.

그렇다면 지하화 사업의 필요 예산은 어떻게 조성될까? 안양시에 따르면 지하화 사업 추진에 필요한 비용은 지상 용지를 업무 및 상업시설과 주거, 문화 공간 등으로 조성한 수익금으로 충당할 수 있다는 설명이다.

현재 경부선 지하화 사업과 관련된 7개 지자체는 함께 다음 단계를 준비하고 있는데 최근 경부선 지하화 추진협의회를 통해 정부에 경부선(서울역~당정역) 구간을 선도 사업으로 선정해 달라는 내용을 담은 공동건의서를 제출할 계획이라고 밝히기도 했다.

특별법 통과로 경부선 지하화 사업 '탄력'

2024년 1월 지상부 철도에 대한 종합계획 및 실행방안 등을 담은 '지상철도 지하화 및 철도부지 통합개발에 관한 특별법(이하 특별법)'이 국회 본회의를 통과되면서 경부선 지하화 사업은 더욱 속도를 내고 있다. 이 중에서 서울역~안양역~당정역에 이르는 경부선 지하화 사업에서 안양시는 석수역부터 명학역까지의 구간이다.

  그동안 이 구간의 철도는 지상으로 통과하며 안양을 동서로 갈라 놓았다. 이렇게 되면 지역의 개발도 막힐 뿐더러 소음과 분진 등 문제도 발생하게 된다. 이에 시는 갈라진 도시를 연결하고 균형 개발을 추진하기 위해 민선 5기부터 경부선 지하화 사업을 준비해 왔다. 안양시는 서울 금천·구로·동작·영등포·용산과 경기도의 군포시 등 6개 지자체와 함께 경부선 지하화 사업을 제안하여 2012년 경부선 지하화 추진협의회를 구성한 바 있다.

  2012년 10월 경부선 지하화 촉구 서명운동을 진행하여 103만 명이 이러한 서명운동에 동참했다. 또 협의회는 2013년 2월 제18대 대통령인수위원회에 경부선 지하화에 대한 촉구 건의문을 전달한 바 있다. 이후 2013년 6월 경부선 지하화 기본구상 용역에 착수해 2014년 5월 최종보고회를 진행하였다. 2022년 1월, 국토부 장관에게 건의서를 제출하는 등 정부에 경부선 지하화 사업에 대한 추진을 지속적으로 요청해왔다. 최근 통과된 특별법에는 당시 제출했던 건의서의 내용이 상당 부분 반영되었다고 한다.

인덕원에서 강남까지 15분 내 도착

현재 GTX-C 노선 인덕원역 개통을 위한 준비가 이뤄지고 있다. 안양시는 2024년 1월 민자사업시행사인 지티엑스씨㈜와 'GTX-C 노선 인덕원역 설치에 대한 협약'을 체결했다. 해당 협약에 따라 시와 지티엑스씨㈜는 2024년 하반기 착공에 들어갈 계획이다. 2028년에 GTX-C 노선이 개통되면 안양 인덕원역에서 서울 삼성역까지 소요 시간은 15분 이내가 될 것이다. 그리고 수원역까지 15분 이내, 양주(덕정역)까지는 40분 이내에 이동이 가능해진다.

이렇게 되면 인덕원역은 어떻게 달라질까? 기존의 단일 4호선인 것에서 한 발 더 나아가 GTX-C 노선, 월곶~판교선, 인덕원~동탄선까지 총 4중 역세권이 되는 셈이다. 월곶~판교선의 경우는 오는 2028까지 안양에 4개역이 신설될 예정이다. 2023년 2월 만안구 벽산사거리 일원의 안양역 6공구 공사를 먼저 착공했고 2024년 하반기 남은 공구가 착공될 예정이라고 한다. 동탄인덕원선은 2028년까지 안양에 3개역이 새로 추가될 예정이다. 지난 2021년 11월에 동안구 벌말오거리 일원의 1공구 터널 공사를 착공한 바 있다.

여기에 투자자들이 한 가지 더 주목해야 할 부분이 있다. 안양시는 GTX-C 노선 인덕원역 개통과 더불어 인덕원역 주변을 '콤팩트 시티'로 조성하는 사업을 추진 중이라는 점이다. 시는 지난 2021년 9월 동안구 관양동 157번지 일원 약 15만 973㎡ 부지에 대해 개발제한구역 해제 후 올해 4월 도시개발사업 구역 지정 및 개발계획을 수립, 고시

했다.

　오는 2025년에 부지 조성공사를 착수할 계획으로, 향후 콤팩트 시티가 조성되면 안양 인덕원은 복합환승센터, 청년주택을 포함한 공동주택, 공공지식산업센터 등이 조성되면서 인구 유입, 주거환경 개선 등 효과를 누릴 수 있게 되는 셈이다.

07
앞으로 생길 신안산선 노선, 서울 지하철 10호선으로 불리는 이유?

신안산선은 수도권 광역철도 노선 중 하나로, 안산에서 여의도까지 연결된다. 신안산선은 복선전철로 안산 한양대역에서 시작해 시흥과 광명을 거쳐 서울 여의도까지 44.7㎞를 연결하는 노선이다.

기존 서울 지하철 10호선과 유사한 노선을 가지고 있어 신안산선이 서울 지하철 10호선의 연장선이라는 말도 나오고 있다. 특히 신안산선에는 초지역, 여의도역, 중앙역 등 다중 환승역이 계획되어 있는데 이를 통해 기존 서울 지하철 10호선과의 환승이 용이해질 것으로 기대된다.

신안산선 개통으로 안산에서 여의도까지의 이동 시간이 크게 단축될 것으로 예상된다. 이는 서울 도심과의 접근성을 높여 서울 지하철 10호선과 유사한 역할을 할 것으로 보인다.

신안산선은 현재 총 19개의 지하철역이 계획되어 있으며, 이 중 10개 역이 신설될 예정이다. 신안산선은 현재 공정률이 33%에 그치고 있어 2026년 12월쯤 개통이 가능할 것으로 보인다.

신안산선이 개통되면 안산에서 여의도까지의 이동 시간이 100분에서 최대 25분으로 단축될 것으로 기대하고 있다. 그렇기에 현재 신안산선 역세권을 중심으로 다양한 개발 사업이 진행될 것으로 보인다.

신안산선 개통, 부동산 시장의 뜨거운 감자

현재 신안산선 개통은 GTX와 더불어 부동산 시장의 가장 뜨거운 감자로 주목받고 있다. 신안산선이 개통되면 서울과의 접근성이 획기적으로 개선될 수 있다. 아울러 부동산 가치 상승도 이뤄지기 때문이다.

특히 정부가 신안산선 등 광역, 도시철도와 수도권광역급행철도(GTX), 간선급행버스(BRT), 환승센터 등에 대규모 자금을 투입하면서 이들 사업의 입지도 커진 상황이다. 정부는 GTX-A 노선을 비롯해 신안산선, 별내선, 진접선 등 광역철도와 서울 신림선, 동북선, 광주도시철도 2호선 등 도시철도 건설 예산이 지난해 9171억 원에서 올해 1조 2315억 원으로 증액됐다.

신안산선은 수도권 서남부권 주민들의 오랜 숙원사업이었다. 2004년 신안산선 복선전철 사업이 기본설계 계획 이후 16년 만에 시작되었다. 총 사업비 3조 3465억 원의 신안산선이 2024년에 완공되면 안산에서 여의도까지 25분이 걸려 이동시간이 기존대비 약

50~75% 이상 단축될 것으로 보인다.

이제 착공 1년을 넘은 시점에서 이미 수도권 서남부 지역의 부동산 시장은 들썩이고 있다. 경기도 화성과 안산, 시흥 일대의 아파트 가격은 계속 상승하고 있다.

발표된 사업 계획안대로라면 2024년 말 개통될 예정이다. 사업이 마무리되면 안산에서 여의도까지 대중교통 소요 시간이 1시간 30분에서 30분으로 줄어들게 된다. 여의도까지의 노선이 개통되면, 2단계 사업으로 서울역까지의 5.8㎞를 연장을 진행하고자 한다. 이 밖에도 안산선, 수인선, 소사~원시선, 인천발 KTX와 연계하는 수도권의 서남부 광역 교통망의 큰 그림이 완성될 것으로 보여진다.

신안산선 부동산 투자 활황 유도

신안산선 효과는 아파트에만 그치는 것이 아니다. 이 효과에 의한 투자 수요는 오피스텔, 상가, 단독주택, 토지 등으로 이어지고 있다. 이는 수도권 서남부 지역 부동산 시장 전반에 활력을 주는 요소가 될 것이다.

08
경기도 철도 시대를 통한 새로운 기회 도래

경기도는 2024년 3월 19일 김동연 경기도지사는 '경기도 철도기본계획(2026~2035)을 발표했다. 이 계획은 철도를 통한 경기도의 발전 가능성과 미래를 담고 있는 것으로, 서울과 연결되는 수도권 철도만이 아닌 수도권내의 경기도의 다양한 도시와의 연결을 담고 있다. 이를 통해 경기도는 다양한 기후 변화에 대응 및 선도하기 위한 친환경 교통수단으로 철도를 선택하고 이를 이용하여 다양한 사람들에게 삶의 여유와 질을 높이고, 도내의 다양한 도시간의 교류 및 물자의 이동을 통한 발전을 구상하고 있다.

경기도가 구상한 철도기본 계획은 고속철도 (KTX, SRT), 일반철도, 광역철도 등의 27개의 노선과 도시철도 15개의 노선 등 총 42개의 노선을 포함하고 있으며, 총 연장 길이는 645km로, 예산은 40조 7천억 원이 투입된다.

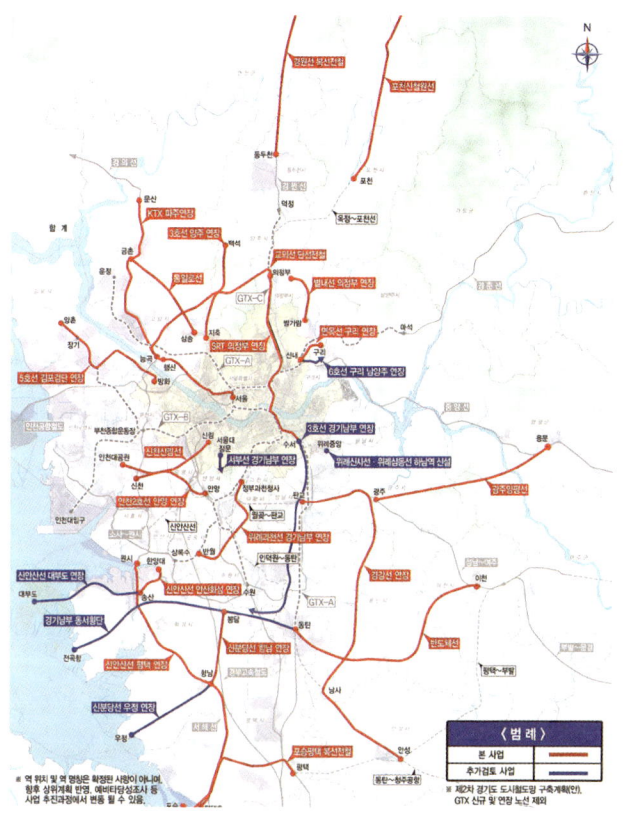

그림 27 철도기본계획(2026~2035) 노선도 (고속·일반·광역철도) (참고자료 : 경기도 열린도지사실, 2024.03.19)

고속철도 수혜지역을 대폭 확대

고속철도 이용이 가능한 지역을 현행 경기북부의 경우 고양의 행신역에서만 이용 가능했던 한계를 극복할 수 있는 철도의 추가 신설을 통해 파주의 문산과 의정부까지 연장운행을 계획하고 있다.

KTX는 고양 행신 차량기지에서 경의선 능곡역으로의 선로 신설을 통해 파주 문산까지 운행하고자 한다. SRT의 경우 GTX-C 노선을 통한 의정부역으로의 연장을 계획하고 있다.

경기 북부와 남부가 함께 이루는 경기도 균형발전

철도 서비스의 접근성이 떨어지는 지역에 일반철도를 확대하는 것으로 경기북부에는 4개, 경기 남부에는 5개의 노선을 추가할 계획이다.

경기도 북부를 잇는 철도로 시작하는 경기북부 대개발

경기북부 지역의 철도 이용에 대한 접근성을 높이기 위해 다양한 노선의 연장이 진행중이다. 7호선은 2027년 개통을 목표로 도봉산에서 옥정 구간을 공사중이고, 옥정에서 포천 구간은 2024년말에 착공을 앞두고 있다. 남양주로의 연장으로 9호선과 6호선을 진행중이고, 8호선 의정부 연장은 타당성에 대한 용역 절차를 진행중에 있다.

2004년 적자운행으로 멈췄던 교외선(30.6km)의 경우, 의정부에서 고양 능곡까지의 구간으로 경기북부를 동서로 연결하는 순환철도망 사업의 핵심이 될 예정이다. 그리고 파주로의 서해선 연장은 파주에서 김포공항 간의 통행 시간을 기존 90분에서 30분으로 단축하여 김포공항의 공항철도, 9호선, 5호선의 접근도를 높여 서울 시내로의 이동이 쉬워질 것으로 기대된다.

1기 GTX인 GTX-A노선 중 파주의 운정과 서울역 구간은 2024년 말에 개통을 앞두고 있고, B노선과 C노선의 경우 2024년 착공을 시작했다. 경기도는 GTX 신설 및 고속철도 노선의 경기북부지역으로의 연장에 대한 계획을 제 5차 국가철도망 구축 계획에 반영을 건의했다.

경기도 남부 지역을 상세히 연결하는 철도

경강선 연장선(38.0km)은 경강선 경기 광주역에서 용인 남사로 연결하여 안성까지 연장하는 것으로 이동, 남사읍 반도체 국가산업단지를 경유하게 된다. 그리고 용인의 남사 반도체 국가산업단지와 원삼 반도체 클러스터, 이천 부발을 연결하는 반도체선(이천~동탄)을 신설한다. 이 반도체선을 서쪽의 화성 전곡항까지 연결하는 경기남부 동서횡단선(68.1km, 전곡항~부발)을 추가 검토 사업으로 선정하였다.

포승평택선 복선전철(30.9km)은 포승에서 평택까지의 노선이며, 이는 서해선 간의 연결선을 진행하여 서해선과 경부선을 연결하고자 한다.

경기도, '서·동부권 SOC 대개발 구상 협의체'를 구성하여 철도, 도로 국가개발

경기도는 도로 및 철도의 기반 시설 확충을 위한 막대한 재원을 투입하며, '경기 서·동부권 사회기반시설(SOC) 대개발 구상 협의체'에 대한 내용을 2024년 3월 15일의 보도자료에서 밝혔다. 대상지역으로는 14개의 시군으로 가평, 광주, 김포, 남양주, 시흥, 안산, 안성, 용인, 여주, 이천, 양평, 파주, 평택, 화성이다.

세부 내용으로, 서부권역은 화성(오산)~용인(남사)~이천(부발)을 지나는 반도체선, 신분당선의 향남 연장, 신안산선의 안산에서 화성(남양) 연장 노선 등 철도 9개 노선이 있다. 동부권역에는 광주(역동)와 이천(부발)을 지나는 GTX-D 노선, 반도체선 등 철도 13개 노선 등이다.

자연보전권역 내의 도시개발 사업에 대한 면적의 상한(50만㎡ 이하)을 폐지하고, 산업단지 면적에 대한 제한을 기존 6만㎡에서 30만㎡으로 완화하여 친환경 개발을 유도한다는 계획이다.

출퇴근 광역 철도 개선

경기도 내에서 서울과 인천으로 출퇴근하는 사람들의 교통편의를 위해 광역 철도 10개 노선을 선정하였고, 3호선 경기남부 연장과 서부선 경기남부 연장 등 6개의 노선을 추가로 검토하여 선정하였다.

신천 신림선은 시흥시, 광명시, 금천구, 관악구 등의 4개의 지자체와 경기도가 함께 검토한 노선으로, 서부권 주민들의 서울로의 출근 여건을 개선할 수 있을 것으로 기대된다.

별내선 의정부 연장 노선의 경우 경기도 순환 철도망을 완성하여 동북부 주민들의 교통 편의를 높이고자 하였다.

3호선 경기남부 연장은 성남시, 용인시, 수원시, 화성시등의 4개 지자체와 협약하여 추가로 검토 중인 노선으로 수서 차량기지 이전과 연계하여 화성까지 연장을 고려 중이다.

서부선 경기남부 연장은 서울시의 도시철도에 대한 계획인 서부선 서울대 정문역의 연장 사업으로 경기남부까지로 추가로 연장하고자 한다. 2024년 현재 안양시에서 연장 노선 검토 용역을 진행 중이다.

우리 동네 도시철도 구축

도민청원 3호 안건으로 접수된 동백 신봉선의 추진과 광주~성남 간의 상습정체 구간인 국지도 57호선 태재고개의 문제를 해결하기 위한 판교 오포선 노선을 선정하였다.

덕정 옥정선은 옥정 포천선(설계중)과 연계하는 것으로 포천에서 GTX-C 덕정역까지의 이동이 가능하다. 이 노선이 개통이 되면 서울

삼성역까지 50분 내로 편하고 빠르게 이동할 것으로 보여진다.

'하루 1시간의 여유'를 돌려드릴 수 있는 새로운 철도

2024년 7월 3일 경기교통공사의 보도자료에 의하면 '경기교통공사 철도사업 참여 타당성 검토'에 대한 용역을 착수함을 밝혔다. 그 내용으로는 앞으로 도봉산에서 옥정선, 옥정에서 포천선, 동탄의 트램에 대한 것으로 경기도 철도 노선에 대한 유형별 전략을 구상할 예정이다.

 민경선 경기교통공사 사장은 "The 경기패스 도입과 GTX 개통 등 경기도민의 대중교통 패러다임이 바뀌는 시점에서, 공사의 철도 운영 참여가 공사의 설립 소명 달성과 도민들의 대중교통 이용 편의에도 긍정적인 영향을 줄 수 있도록 다양한 의견을 충분히 수렴하여 검토해 나갈 예정"이라며 "도민께 '하루 1시간의 여유'를 돌려드릴 수 있도록 새로운 기회를 연결하는 철도 운영 비전을 제시하는 데 힘쓸 것"이라고 새로운 기회를 연결하는 경기도 철도시대에 따른 철도사업 참여를 위한 밑그림을 준비하고 있다.

09
경기도의 1기 신도시 선도 예정 지구는 토지거래허가구역으로 지정

2023년 12월에 「노후계획도시 정비 및 지원에 관한 특별법」이 제정됨에 따라 노후화가 진행된 도시의 재건축 사업이 가장 먼저 진행할 수 있는 곳을 '선도지구'로 정하였다. 이에 경기도는 1기 신도시 선도지구 공모 추진을 위해 선도 예정지구에 주거용을 제외하고 토지거래허가구역으로 2024년 7월 5일에 지정하였다. 이는 투기성 거래를 위해 상가 쪼개기 등의 활동을 차단하고자 하는 목적이다. 기한은 2024년 12월 31일까지이며, 총 면적으로는 17.28㎢이다.

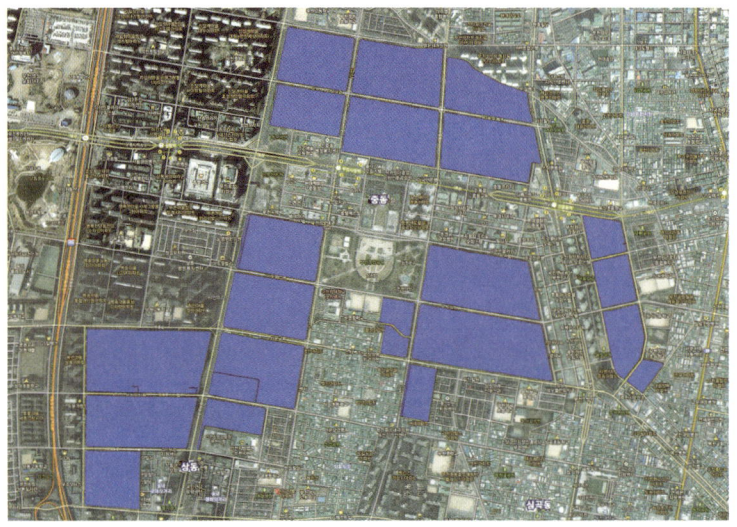

그림 28 토지거래허가구역 (부천시 원미구 일원) (참고자료 : 경기도 보도자료, 2024.05.22)

그림 29 토지거래허가구역(고양시 일산동구 일원) (참고자료 : 경기도 보도자료, 2024.05.22)

그림 30 토지거래허가구역(안양시 동안구 일원) (참고자료 : 경기도 보도자료, 2024.05.22)

그림 31 토지거래허가구역(성남시 분당구 일원) (참고자료 : 경기도 보도자료, 2024.05.22)

그림 32 토지거래허가구역(군포시 산본동 일원) (참고자료 : 경기도 보도자료, 2024.05.22)

지정된 곳은 고양시 일산동구 일원의 4.48㎢, 성남시의 분당구 일원으로 6.45㎢, 안양시의 동안구 일원으로 2.11㎢, 군포시의 산본동 일원 2.03㎢, 부천시의 원미구 일원 2.21㎢이다.

경기도는 1기 신도시 아파트에 해당하는 단지들 중에서 가정 먼저 재건축 추진이 가능한 '선도지구'의 물량으로 2만 6천만 호를 지정하였다. 이는 1기 신도시 전체 26만 호의 약 10%에 달하는 물량이다. 분당에는 8천호, 일산은 6천호, 평촌, 중동, 산본은 각각 4천호 정도의 물량이다.

노후 원도심 역세권 등 민간 도심 복합개발

경기도는 노후된 원도심 역세권 등에서 도심 복합개발이 가능할 수 있도록 하는 도심 복합개발 지원에 관한 법률 시행을 앞두고 사전 협의에 들어갔다. 2025년 2월에 시행되는 '도심 복합개발 지원에 관한 법률'은 토지주가 조합 설립 없이 신탁업자나 리츠와 같은 부동산 투자회사를 통한 민간 전문기관과 협력하여 신속하게 문화 및 상업 등의 복합시설과 주택을 지을 수 있다.

도시의 성장 거점을 조성하거나 주택부족으로 인한 신속한 공급을 진행하고자 하는 목적으로 역세권 등에 '도심 복합개발 혁신지구'로 지정할 수 있다. 혁신지구로 지정이 되면 개발형식에 따라 시·도 조례로 정한 범위 내에서의 용도지역 변경과 용적률 완화 등의 도시, 건축규제에 대한 특례를 받을 수 있다. 완화된 규제에 따라 생기는 개발이익은 공익적 목적으로 사용 가능하도록 시군은 협력하고자 한다.

즉, 원도심 역세권개발을 통해 일자리 및 주거복지시설, 청년주택의 기능을 도입하여 노후화된 도심의 기능을 향상시킬 계획으로 경기도의 경우 사업대상지는 역사 주변 등 약 250곳 정도가 된다.

10
앞으로 생길 KTX 노선 2개, 인천 송도역 더블 역세권 되는 이유?

송도국제도시는 2003년부터 개발이 시작되어 현재 주거, 상업, 업무 등 다양한 기능이 복합된 도시로 성장 중이다. 송도 지역에는 인천대학교, 연세대학교 송도캠퍼스, 인천글로벌캠퍼스 등 대학교와 IFEZ(인천경제자유구역) 등 주요 기관이 입주해 있기도 하다. 송도 지역은 인천의 대표적인 첨단산업 클러스터로, 바이오, IT, 금융 등 다양한 산업이 집적되어 있는 곳으로 투자자들이 반드시 눈여겨봐야 할 곳이다.

송도역에 KTX가 생긴다?

KTX 인천 송도역은 인천발 KTX의 시점역으로, 송도 지역 개발과 밀접하게 연관되어 있다.

얼마 전에는 인천에서 KTX를 이용해 부산, 목포를 갈 수 있는 '인천발 KTX 직결사업' 세부 조성계획이 변경됐다. 송도역 대지면적은 2만 7195㎡에서 4만 5691㎡로, 건축면적은 1,938㎡에서 4,339㎡로, 연면적은 2,870㎡에서 6,427㎡로 각각 늘린다.

송도역 층수도 지상 2층에서 4층으로 변경하고 지상 1층에 운전보안시설 등도 포함했다. 초지역과 어천역도 일부 면적이 늘어 인천발 KTX 직결사업 총 사업면적은 21만 9797㎡에서 26만 9011㎡로 증가했다.

사업 시행 기간은 국토부, 국가철도공단이 당초 예고한 대로 2024년 12월 31일에서 2025년 6월 30일로 6개월 늘어났다. 2020년 12월 착공한 인천발 KTX 직결사업은 총사업비 5,247억 원의 예산을 들여 송도역에서 출발하여 초지역과 어천역을 경유해 기존 경부고속선에 직결한다.

수인분당선 어천역에서 경부고속철도까지 3.192㎞ 구간은 철로를 신설하고 송도역, 초지역, 어천역 등 3개 역사를 신·증축한다. 인천발 KTX는 KTX-산천 단독 운행을 기준으로 1일 부산역 12회, 광주송정역, 목포역 6회를 운행할 예정으로 알려져 있다.

국가철도공단은 운행 필수 시설 공사를 내년까지 마친 뒤 시운전을 거쳐 2025년 6월 개통에 차질이 없게 하겠다는 방침이다. 인천발 KTX 사업은 2015년만 하더라도 2019년 개통이 언급됐으나 예산확보 등 각종 이유로 2025년까지 늦어졌다.

복합환승시설 목표로 건립 추진

송도역 대지면적은 2만 7195㎡에서 4만 5691㎡로, 건축면적은 1,938㎡에서 4,339㎡로, 연면적은 2,870㎡에서 6,427㎡로 각각 늘린다. 2025년 6월 KTX 개통까지 인천시는 약 165대가 주차 가능한 환승주차장과 입체공원, 환승정류장과 보행데크 등을 구상하고 있다.

다만 인천시에서는 국가철도공단과 환승시설, 지원시설 등에 대한 토지 구획 정리를 해야 한다. 현재의 토지 모양으로 송도역과 지원시설에 대한 부지의 연계성을 확보하기 힘들기 때문이다. 통상적으로 반듯한 모양의 토지가 개발하기에는 보다 수월하다. 인천시는 지원시설의 하층부 부분을 송도역사와 연결하는 상업시설을 도입하고 상층부에는 주거, 숙박시설 등을 마련할 예정이다.

그리고 시는 국가철도공단이 송도역을 건립하고, 도시개발사업의 시행자인 삼성물산㈜이 주차장 및 버스회차로 등의 환승기반시설을 개발하도록 할 구상이다. 이에 따라 시는 먼저 송도역과 환승시설을 짓고 이후 특별계획구역에 대해 사업시행자 공모를 통해 추진할 계획이다.

송도역 복합환승센터 개발 호재는 어디?

인천시는 송도역세권구역 도시개발사업과 연계하여 송도역의 KTX

환승 및 지원시설 개발을 단계적으로 추진 중이다. 복합환승센터 계획은 사실상 무산되면서, 단순 철도, 버스 위주의 환승시설로 만들어질 예정이다.

그렇다면 투자자들이 관심을 갖고 지켜봐야 할 곳은 어디일까? 송도역 주변과 청학동 일대의 GTX-B 노선 청학역이 추가 노선으로 유력하게 검토되고 있다. 이미 송도역 인근에 삼성 래미안 아파트 단지가 분양 예정이다. 또한 2020년 12월 착공한 인천발 KTX 직결사업으로 송도역에서 경부고속선에 직접 연결될 예정이다.

4장

앞으로 5년 안에 부동산 가치의 패러다임이 바뀐다

01
공부하는 개미가
슈퍼 리치가 된다

'모두가 알고 있는 호재는 호재가 아니다'라는 말이 있다. 세상에는 진짜 호재와 가짜 호재가 있다. 진정한 호재는 세 가지 가능성을 품고 있다. 그것은 호재가 가격에 반영될 만한 가치가 있어야 하고 뉴스에 보도되기 전에 현장 발품을 통해 이를 발견해야 하고, 결정적으로 뉴스에 이 호재가 보도될 시점에서는 이미 팔 준비를 하고 나와야 한다는 뜻이다.

부동산 투자는 흔히 '닫힌계'라고 표현한다. 경제 외부의 변수보다는 정부의 부동산 공급 정책과 금리에 따라 가격이 결정되는 보수적인 투자 분야이기도 하다. 흔히 '부동산 10년 주기설'이라고 하는, 10년마다 시장이 흐름이 바뀐다고 하는 이유도 부동산 특유의 사이클 때문이다.

주식이나 금융 투자는 외부의 변수가 많다. 하지만 부동산 투자는 이러한 사이클과 개발 호재, 그리고 기본적인 지식만 있으면 부를 축적하기가 상대적으로 쉽다. 투자의 고수들은 흔히 부동산으로 부를 축적한 뒤 주식 등 금융 투자를 하는데, 이는 정확히 초보들이 하는 흐름과 반대 방향이라고 보면 된다.

투자는 데이터의 영역이다

어떤 이들은 투자가 심리의 영역이라고 믿지만 나는 부동산 투자는 철저히 데이터 분석과 공부의 영역이라고 생각한다. 부동산 투자는 운에 기대어 하는 것이 아니다. 그러나 부동산 투자로 억대를 벌겠다고 하는 사람 중에 투자 공부를 진지하게 하는 사람은 거의 없다. 왜 그럴까? 그 이유는 우리나라 부동산 시장이 대체적으로 상승장 위주로 펼쳐져 왔기 때문이다.

요컨대 부동산에 대해 잘 모르는 사람이라도 최근 20년 동안 시장에 있었다면 몇 년을 제외하고는 거의 대부분 돈을 벌었을 것이다. 우리나라 부동산은 10번 중 7번은 상승할 정도로 투자의 확률로 봤을 때도 상승장 위주의 시장이었다.

성장하는 국가의 부동산은 오른다

이는 앞서도 언급했듯 우리나라 경제가 꾸준히 성장해 왔기 때문이고 성장하는 국가의 자산인 부동산은 결국 오를 수밖에 없기 때문이다. 일본의 경우 장기불황으로 인해 부동산 가격이 폭락했는데 이는 흔히 알려진 것처럼 인구 고령화 때문만은 아니다. 부동산은 인구 문제보다는 수요와 공급의 균형 관계에 의해서 가격이 결정되기 때문이다.

　부동산은 아파트나 토지, 상가와 같은 물건을 사고 파는 것처럼 보인다. 하지만 투자의 고수들은 자신만의 정확한 판단력으로 돈을 버는 것이다. 앞서도 강조했듯 우리나라 부동산은 정책 변수가 워낙 크기 때문에 어떤 정권이 들어서는지, 그리고 해당 정권의 부동산 정책이 어떻게 추진되는지에 따라 투자의 당락이 크게 좌우되는 부분이 크다.

　이 때문에 부동산의 본질 투자에 관한 공부도 많이 해야 하지만, 그와 더불어 정책 변화에 따른 시장 상황도 면밀히 살펴봐야 한다. 이를 모르고 단순히 본질 투자만 하는 이들은 정부가 바뀔 때마다 다른 부동산 정책에 발목이 잡혀서 투자의 실패를 맛볼 수밖에 없다.

　내 주변의 최소 수십 억 이상 가진 자산가들에게 "어떻게 해서 그렇게 큰 부를 일구셨습니까?"라고 물어보면 열에 아홉은 똑같은 대답을 한다. 그것은 바로 '투자 공부를 게을리 하지 않는다'는 것이다. 부동산 투자라고 해서 현장 임장을 열심히 다니는 것만 생각하는 분들도 있다. 물론 임장 또한 중요한 공부다.

　하지만 그와 더불어 반드시 알아야 하는 것은 거시 경제의 흐름이다. 미국의 경기가 어떻게 흘러가고 있는지 우리나라 환율은 어떠한지, 국채 금리는 어떤 방향으로 흘러가는지를 알면 부동산 정책이 그에 맞게 어떻게 바뀌고 가격이 어떻게 변할지 예측하는 것이 한결 쉬워진다.

성공하는 투자자가 되기 위해 해야 할 일은 딱 한 가지, 바로 공부하는 것이다. 부동산 공부는 절대 독학으로 해서는 안 된다. 거인의 어깨 위에 올라서 투자 공부를 하는 사람이 부의 추월차선을 질주하는 법이다. 모르면 돈을 주고서라도 반드시 고수에게 조언을 들어야 한다. 그리고 이렇게 투자한 돈은 자신에게 반드시 그 이상의 가치로 돌아오는 법이다.

02
부동산 투자는 이렇게 따라하면 무조건 대박난다

기억하는 사람이 얼마나 될지 모르겠지만 우리나라 부동산이 망했다고 했던 시기가 있었다. 2000년대 후반, 국제금융위기 이후 세계 경기가 힘들어지면서 고금리에 부동산 가격이 사정 없이 폭락을 했다. 그 당시에 레버리지를 써서 투자를 했던 많은 투자자들이 시장에서 금리를 이기지 못하고 사라졌다. 당시에는 '현금이 왕'이었다.

그렇다면 우리는 이런 질문을 해봐야 한다. 그때 전업투자자들이 던진 물건을 매입한 사람들은 누구일까? 그리고 그들은 이후에 어떻게 되었을까?

부자들이 더 큰 부를 쌓는 이유

당연한 얘기지만 그들은 자산의 일부를 현금으로 늘 보유하고 있는 부자들이었다. 위기가 찾아오면 부자들은 자산가들이 던진 물건 중

바겐세일을 하는 자산을 현금으로 매입한다. 그리고 이후에 이 물건들이 크게 올라서 큰돈을 벌게 된다.

그들은 어떻게 귀신 같이 경제 위기를 알고 물건을 매입한 걸까? 그들은 보통 사람과 다른 투자의 눈을 가지고 있기라도 한 걸까? 그렇지 않다. 내가 경험한 바로는 그들 역시 미래의 가격을 예측하는 측면에서는 평범한 투자자들과 크게 다르지 않다.

그러면 부자들과 평범한 사람의 차이는 무엇일까. 그것은 바로 '투자를 하는 자세'에 달려 있다. 부자들이 위기 때 강한 이유는 단순히 돈이 많기 때문이 아니라 '유동성'을 준비하기 때문이다. 그들은 금리가 올라 자산 가격이 하락하고 현금의 가치가 높아질 때까지 현금을 모으며 기다렸다가 결정적인 순간에 자산을 염가에 매입하는 것이다. 이것이 단 하나의 차이이다.

자산을 저렴하게 매입했다가 비싸게 매도하라는 건 투자의 격언이다. 누구나 알지만 실천하기는 어렵다. 하지만 부자들은 이걸 알았을 뿐만 아니라 실천하고 있는 것이다. 1%대의 금리가 4~5%로 뛰었을 때 당신의 수중에는 투자를 위해서 얼마의 현금을 보유하고 있었는가? 아마 보통 사람은 고금리일 때 현금을 보유하기가 매우 어려울 것이다. 우선 이자 비용이 큰 폭으로 상승할뿐더러 물가가 오르기 때문에 소비력이 줄어들기 때문이다.

고금리 시대에 자산을 현금으로 매입하라

하지만 바로 이럴 때에 보유하고 있는 현금이 바로 당신이 투자를 대하는 자세라고 볼 수 있다. 부자들은 평소에는 저금리 시기에도 허리띠를 조르며 현금을 모으고 있다가 고금리 시기에 자산을 현금으로 매입하는 것이다.

사실 우리나라 부동산 투자의 흐름은 매우 간단하다. 저금리에 유동성이 발생하면 자산의 가격이 오른다. 그러면 건설사들은 팔리는 자산을 더 많이 만들기 위해 공급을 늘린다. 이렇게 공급이 늘어난 상태에서 정부는 자산의 가격 거품을 막기 위해 금리를 올리거나 대출을 제한한다. 그러면 실수요자들과 건설사들은 돈을 빌리지 못해서 입주를 못하거나 건물을 더 짓지 못한다. 그러나 고금리에 자산 가격은 하락하고, 자산 가격이 하락했다는 것은 수요가 줄어들었다는 뜻이다. 계속된 고금리에 건설사들의 건축 원가가 오르면서 줄도산이 시작된다. 이후 공급이 수요를 따라가지 못해 자산 가격이 오르게 된다. 그러면 정부에서는 다시 금리를 내려서 시장에 유동성을 공급한다.

아마도 우리나라 부동산은 10년이라는 사이클 동안 이러한 패턴을 무한 반복하는 중일 것이다. 그렇다면 투자자들은 이 사이클의 흐름 중 언제 투자를 해서 돈을 벌어야 할까? 그렇다. 바로 고금리일 때다. 남들이 자산 가격이 하락할까봐 무서워서 자산을 헐값에 내던질 때 자산을 매입해야 한다. 2023년 고금리로 인해 자산 가격의 하락이 나왔을 때가 정확히 이런 기회였다.

그러면 언제 팔아야 할까? 이렇게 매입한 자산이 저금리 상황이 되어 오르기 시작하면 그때 팔아야 한다. 아주 간단하다. 그런데 대부분의 사람들은 반대로 한다. 아파트 가격이 오르면 사고 떨어지면 판다. 인간은 손실 회피의 성향이 있어서 눈앞의 가격이 하락하는 걸 견디지 못하고 자산을 팔아버리는 것이다. 반대로 자산 가격이 하락할 때는 가격이 더 떨어질까 봐 무서워서 자산 매입을 꺼리는 것이다.

그러니 먼저 사이클의 흐름을 읽는 훈련을 하라. 공급과 수요의 상황은 부동산 통계를 보면서 공부해야 한다. 그리고 10년 단위의 사이클이 어떻게 돌아가는지가 눈에 들어오면 가격이 하락하는 시점을 봐두었다가 그때 자산을 매입해야 한다. 투자는 속도가 아니라 '가속도'의 게임이다. 지금 당장 가격이 하락하는 것을 보기보다 향후 상승의 추동력이 높을 때 사야 한다. 지금 당장 가격이 오르는 것을 보기보다 앞으로 상승 동력이 꺾일 때를 대비해서 팔아야 한다.

지금이라도 이를 숙지하고 공부할 수 있다면 당신의 부동산 투자 성적은 적어도 웬만한 전업 투자자에 못지않을 것이다. 나는 이를 장담할 수 있다. 부동산 투자는 단순하게 해야 한다. 그리고 이 단순한 흐름이 눈에 보인다면 남들보다 훨씬 더 빠른 시간 내에 부를 축적할 수 있다.

03
투자자는 왜 호재를 공부하는가

대부분의 평범한 사람들은 '호재'에 민감하다. "어디가 개발된다더라" 혹은 "지하철이 생긴다더라"하는 소문에 부동산을 매입하는 사람도 있다. 심지어 어떤 이는 언론 뉴스에 보도된 내용을 보고 해당 지역의 부동산에 가서 부동산을 매입하는 사례도 있다. 이는 모두 호재의 의미를 잘못 알고 투자하는 경우에 해당한다.

진짜 호재 vs. 가짜 호재

'모두가 알고 있는 호재는 호재가 아니다'라는 말이 있다. 세상에는 진짜 호재와 가짜 호재가 있다. 진정한 호재는 세 가지 가능성을 품고 있다. 첫 번째로는 그것이 호재가 가격에 반영될 만한 가치가 있어야 한다. 두 번째로는 뉴스에 보도되기 전에 현장 발품을 통해 이를 발견해야 한다. 결정적으로 뉴스에 이 호재가 보도될 시점에서는 이미 팔 준비를 하고 나와야 한다는 뜻이다.

무슨 말인지 아는가? 바로 부동산 투자 시 호재라는 건 투자에 앞선 수단에 불과하다는 것이다. 무엇보다 호재가 발표되더라도 이 호재가 부동산에 끼치는 영향은 저마다 다르다. 만약 호재임에도 다수의 대중이 이를 호재로 받아들이지 않는다면, 이 호재는 가격에 영향을 미칠 수 없다.

진정한 호재를 알아보는 법

나는 호재가 호재인지를 알기 위해서는 '발품'을 열심히 팔아야 한다고 믿는다. '발품불패'라는 말은 철저히 호재를 발굴하는 데 적합한 말이다. 현장 부동산 사장님이나 지역 주민들이 흘리면서 하는 말에서 보석 같은 호재의 씨앗을 발견할 수 있다. 그리고 이런 정보는 뉴스에 묻어나오지 않기에 오직 현장 방문을 통해서만 알 수 있는 부분이다.

호재를 알기 위해서는 생활화가 중요하다고 본다. 요컨대 물건을 매수하거나 매도할 일이 없더라도 부동산을 수시로 찾아가 보는 것이 대표적이다. 부동산 투자가 전업이 아니더라도 부동산 사장님과 친해지면 지역의 투자 흐름을 귀동냥으로 모두 파악할 수 있다.

또 현업자들만이 호재를 먼저 알게 되는 호사를 누릴 수도 있다. 나의 경우 평소 자주 연락을 주고받는 알짜 지역 부동산 중개소 사장님들이 있다.

  딱히 매매를 하지 않는 때에도 나는 근처를 지날 때면 반드시 이 부동산에 들러 안부 인사를 전한다. 상대방 또한 내가 얼마나 바쁜지 알기 때문에, 별다른 목적 없이 부동산에 들러서 인사를 하고 가면 무척 고마워하는 편이다. 그리고 이런 습관은 나에게 생각지도 못했던 성과로 돌아오기도 한다.

04
시장을 읽는 힘을 키워라

사람들은 고금리, 인구 소멸 등을 이유로 아파트 시장은 이제 끝물에 왔다고 말한다. "지금이라도 팔아야 하나요?"하고 방송에서 내게 묻는 이들이 많은 것도 그 때문이다. 하지만 나는 정반대로 말한다. "더 늦기 전에 철도역 주변의 아파트를 한 채라도 매입해 두라"고 말이다.

왜 그럴까?

사람들은 소문과 감정에 너무나도 휘둘린다. 투자는 냉철한 이성과 검증된 팩트를 토대로 해야 하는데 단지 주변에 뜬소문을 듣고 "지금은 팔아야 한다"라고 직감에 의존하는 투자를 하는 이들이 많다. 물론 부동산 시장은 10번 중에서 상승장이 7번, 하락장이 3번 정도 된다. 확률로 따지면 이렇게 투자를 해도 돈을 벌 가능성이 높다.

하지만 큰돈을 벌지는 못한다. 투자라는 게 무엇인가? 남들이 보지 못하는 기회를 보고 가격이 쌀 때 매입을 하고 가격이 올랐을 때 매도하기 위해서이다. 그런데 이런 능력을 갖추려면 시장을 읽는 안목이 있어야 한다.

부동산 폭락론자들의 주장

부동산 투자에서 있어 시장을 보는 안목이란 다름 아닌 데이터다. 그렇다면 사람들이 앞으로 부동산 가격이 하락한다고 말하는 근거를 한번 따져보자.

첫째, 고금리가 장기화되면 아파트 값은 더 떨어진다?
이는 미국 경제를 조금이라도 공부해 본 사람은 사실이 아니라는 걸 알 수 있다. 물론 미국의 높은 금리는 아파트 가격에 영향을 준다. 고금리가 계속되는 상황은 자산 가격의 하락을 불러일으킨다. 그러나 금리는 항상 유동적이다. 특히 최근 2년 사이에 급격히 오른 금리는 결국 반대 방향으로 다시 돌아와 균형을 취하게 될 것이다.

2024년에 미국이 금리 인하를 언제 할지는 누구도 모르지만, 적어도 앞으로 금리를 올릴 확률보다는 내릴 확률이 더 높다는 건 상식적으로, 그리고 확률적으로 더 맞는 얘기다. 금리가 내려오면 부동산 가격은 어떻게 될까? 오른다. 그것도 급격한 금리 하락은 부동산의 급격한 가격 상승으로 이어질 것이다. 우리는 이미 지난 10년 간 저금리 시대의 아파트 가격이 어떠했는지를 두 눈으로 목격한 세대이다. 앞으로라고 해서 상황이 다를 것 같은가?

아니다. 결국 지금처럼 앞으로도 금리 인하 이후 부동산 가격은 올라갈 것이다.

둘째, 고령화와 인구 감소로 아파트 가격이 떨어질 것이다?

인구가 줄어들면 아파트 가격이 떨어지는 건 맞다. 인구가 줄어든다는 건 그 나라의 생산성이 저하된다는 것이고, 경제가 더 이상 발전하지 않는다는 말과 같다. 즉, 경제 성장이 일어나지 않는 나라의 자산은 가치가 오르지 않고 멈춘다.

비근한 예로 일본을 보면 안다. 잃어버린 10년이라고 불리는 일본의 장기 불황은, 경제 성장이 일어나지 않아 주택 가격의 하락을 불러왔다. 일본의 주택 가격이 폭락한 것은 일본이 고령화 사회가 되었기 때문만은 아니다. 보다 근본적으로는 경제가 성장하지 않아서 자산 가격이 오르지 않은 이유가 더 크다.

인구가 줄어들면 부동산 가격은 정말 떨어질까? 이는 수학적으로도 절반만 맞는 얘기다. 그 이유는 부동산 가격을 결정짓는 방정식 때문이다.

부동산 가격은 어떻게 결정되는 걸까? 간단하다. 공급 대비 수요가 적정하면 가격은 오르지 않는다. 공급이 부족하면 가격이 오르며, 공급이 과하면 가격은 떨어진다. 여기에서 인구 감소는 수요의 감소 측면이다. 그러면 당연히 가격은 떨어져야 맞다. 하지만 공급이 그에 비해 줄어든다면 어떻게 될까? 그렇게 되면 인구 감소나 고령화로 인한 자산의 가격 하락도 생기지 않는다.

공급 충격이 더 중요한 문제다

우리나라의 경우 현재 심각한 공급 부족 사태에 직면해 있다. 내가 보기에 이대로라면 향후 10년 동안은 심각한 주택난에 시달릴 가능성이 높다. 이렇게 되면 전세 가격이 오르고 전세 가격의 상승은 매매가를 밀어 올린다. 정부는 이러한 공급 부족을 해결하기 위해 부랴부랴 부동산 대출의 정책 금리를 낮추고 건설사들의 공급을 유도할 것이다.

하지만 부동산은 착공부터 분양까지 최소 3년 이상이 걸린다. 입주까지 감안하면 그보다 오랜 시간이 걸릴 것이다. 그렇다면 지금 당장 정부가 건설사들의 부동산 유동성 문제를 해결한다고 하더라도 5년 뒤에나 공급 요인이 늘어날 것이다.

반면에 인구 감소 폭은 그보다 긴 시간에 걸쳐 줄어든다. 매년 인구가 줄어드는 것이 1% 내외의 미미한 수치라고 하면, 부동산 공급 부족은 적게는 십수 퍼센트에서 많게는 50%까지 줄어든다. 그렇다면 공급과 수요 중에서 가격에 영향을 미치는 더 큰 변수는 무엇인가?

공급이다. 물론 앞으로 10년, 20년 이후를 바라봤을 때 인구가 점차적으로 감소하는 것은 부동산 가격의 하락 요인이 맞다. 그러나 당장 3년, 5년 이후를 내다봤을 때 이는 공급 충격에 비해서는 미미한 영향을 미칠 뿐이다.

제발 뜬소문을 믿고 투자하지 마라. 지금은 데이터를 토대로 향후 공급 부족과 부동산 멸실 이슈를 고려해서 과감하게 매입을 해야 할 때다. 팔고 떠나는 건 초보들이지만, 초보들이 던지고 가는 물건을 저렴하게 매수하는 건 늘 고수들이다. 당신은 이 중에서 어디에 속할 것인가?

정책의 큰 흐름을 이해하라

정부가 추진하고 있는 지상철도 지하화의 정책 흐름이 바로 여기에 있다. 나는 기존 보수 여당의 정책자문 위원을 하면서 이러한 시대적 흐름을 읽었다. 나는 정부의 국토계획의 큰 그림을 보고 가슴이 웅장해질 정도로 설렜다. 내가 알고 있는 내용을 주변에도 알리고 싶었고 더 많은 사람들이 이 정보를 활용해 투자로 돈을 벌었으면 좋겠다는 생각이 들었다.

하지만 당시는 자문위원의 신분으로 이러한 비밀유지를 엄수해야 하는 상황이었다. 하지만 최근에 자문위원직을 내려놓으면서 조금 더 편하게 사람들에게 이러한 부동산 지식을 얻을 수 있도록 강연과 컨설팅을 하고 있다. 내가 앞으로 말하고 싶은 핵심 내용이 바로 철도의 지하화와 광역교통시스템의 개편이다. 그리고 여기에는 총 3차에 걸친 정부의 철도 및 도로계획, 그리고 서울시와 지자체의 광역도시계획이 존재한다. 서민의 주거 안정을 할 수 있으면서 일자리를 편하게 왕복할 수 있도록 한다는 구상의 핵심에는 바로 'GTX'와 같은 빠르고 편리한 교통 시스템이 자리잡고 있다.

직장과 멀리 떨어진 오피스텔에 살고 있는 청년은 곧 실업자가 될 확률이 높다. 출퇴근 시간이 왕복 2시간 이상 늘어나면 인간은 기본적으로 지치게 되어 있다. 무엇이 이런 불편함을 만드는가? 땅이 없기 때문이다. 그러면 왜 땅이 부족한가? 기존의 활용 가치가 높은 땅을 '엄한' 국가시설이 차지하고 있기 때문이다. 그것이 바로 '철도 역사'이다.

국유지인 철도 역사를 모두 합하면 무려 50만 평에 달한다. 이는 서울시의 약 2~3배 규모이다. 그렇다면 이러한 철도역사와 철로를 지하화하면? 그 위에 땅을 덮고 새로운 건축물을 올릴 수 있다. 지금 정부와 서울시가 추진하려고 하는 계획이 바로 이것이다.

이는 국가의 주요 정책이며 법으로 정했기 때문에 향후 막을 수 없는 대세가 될 가능성이 높다. 그리고 이러한 변화는 점진적으로 느리게 진행될 것이다. 하지만 향후 20년 내에는 반드시 현실로 도래할 부분이다. 그렇다면 선점할 기회는 아직 충분하다고 본다. 역세권은 터무니없이 비싸다고 했던 사람들은 앞으로 10년, 20년 뒤에는 정말 땅을 치고 후회할 것이다. 앞으로는 지상철도 지하화로 인해 역세권의 가치는 더욱 높아질 것이기 때문이다.

정부 여당의 부동산 정책을 자문했던 나로서는 확신을 갖고 말할 수 있다. 앞으로는 철도와 교통이 부동산의 미래를 결정할 유일한 변수라고 말이다. 그리고 이를 알고 준비하는 사람은 향후 10년, 20년 뒤 다른 사람들이 감히 넘보지 못할 정도의 부를 축적하는 부자가 될 것이라고 말이다.

05
다가올 지방자치단체선거, 대선, 총선을 대비하라

총선 이후 집값은 과연 어떻게 될까?

2024년 총선이 야당인 민주당의 압승으로 끝나면서 부동산 시장이 악재로 작용한 것처럼 보인다. 부동산 세금과 다주택자에 관한 정책이 불리하게 돌아가리라는 점에서는 이견이 없다. 하지만 나는 총선 이후 집값은 민주당의 압승 여부와 무관하게 흘러갈 것이라고 생각한다.

금리 외에 투자 시 고려해야 할 요소들

가장 중요한 점은 미국의 금리 인하 시점이다. 당초 연내 2회 인하를 점쳤던 점도표는 뒤로 갈수록 금리 인하 시점이 밀리고 있다. 심지어 연내 금리 인상을 점치는 전문가들이 생길 정도이니 부동산 시장에는 이보다 큰 악재가 없다고 해도 과언이 아니다.

향후 금리가 어떻게 흘러갈 것인지는 누구도 장담할 수 없다. 우리가 부동산 투자를 할 때는 확실히 알 수 있는 것과 그렇지 않은 것을 구분해야한다. 그러나 금리에 대해서만큼은 누구도 장담할 수 없는 영역이라고 봐야 한다.

한 가지 분명한 것은 금리는 앞으로 상방보다는 하방으로 열려 있기에 금리 인하가 늦어질지언정 앞으로의 금리 흐름은 내리는 방향으로 간다는 데는 이견이 없을 것이다. 그렇다면 우리가 주목해야 할 점은 무엇일까?

2024년에도 집값은 계속 오를 것

원자재값 상승으로 공사비 부담이 커진 상황에서 임대차법이나 재건축 규제 완화 등이 불투명해졌다. 그래서 공급 측면에서의 적신호가 켜졌다. 부동산 시장의 공급 부족은 금리 외의 대외 변수를 상쇄할 정도의 파급 효과가 크다.

2024년 4월을 기준으로 전세 가격은 계속 오르고 있다. 그리고 이것이 매가를 밀어 올리는 것도 시간 문제인 것으로 보여지는 상황이다. 요컨대 올해는 집값이 오를 가능성이 매우 높다고 본다.

특히 야당이 압도적인 다수 의석을 차지하면서 정부의 임대차법

손질에 급제동이 걸리게 됐다. 전월세 등 임대차 시장에는 '악영향'으로 작용할 수 있는 부분이다.

전세 매물은 줄었지만 이사철 수요가 꾸준히 늘어나면서 나타난 현상이다. 한국부동산원이 발표한 '전국 주택 가격동향'에 따르면 전국 주택 전셋값 상승폭은 2월 0.03%에서 3월 0.05%로 확대됐다. 구체적으로 서울(0.12% → 0.19%), 인천(0.24% → 0.42%), 경기(0.12% → 0.13%) 등 수도권 모든 지역에서 전셋값 상승폭이 더 커졌다.

2024년 1~3월 누적 기준으로 보면 서울에서는 노원구(0.57%), 성동구(0.55%), 용산구(0.3%)의 상승폭이 특히 컸다. 신규 입주 물량이 많은 강동구(-0.09%)만 유일하게 전셋값이 하락했다. 수도권과 달리 지방은 전셋값이 전월에 비해 0.08% 내렸다.

향후 3년 간 부동산이 계속 오를 수밖에 없는 이유

나는 이러한 흐름이 향후 3년 이상을 갈 것이라고 내다본다. 즉, 최소 향후 3년까지는 부동산 가격은 계속해서 오를 것이다. 역대급 공급의 부족을 해소하려면 인허가 물량이 나와 줘야 한다. 2024년 5월 현재 인허가 물량이 증가한다 해도 이것이 입주를 통해 공급에 영향을 주려면 3년 이상이 걸린다. 그때까지는 공급 부족으로 인한 가격 상승을 막을 요인이 없다.

딱 한 가지가 있다면 금리의 방향이다. 앞서 언급했듯 금리는 앞으로 인하하는 추세로 갈 가능성이 높다. 2년 전 급격하게 올랐던 금리인 만큼 이번에 인하할 때도 급격한 방향으로 하락할 가능성이 높다. 금리의 급격한 변수가 없다면, 그리고 혹시라도 경제위기가 찾아오지 않는다면 부동산 가격의 흐름이 상방으로 열려 있는 상황이다.

이는 심리적 예측이 아닌 철저한 통계 기반의 예측이다. 2024년 부동산 시장은 공급이 역대급으로 감소한 상태이다. 매년 45만 호 이상 공급되던 시장이 쪼그라들었으니 이제 공급 시장에는 빨간 불이 켜진 상태다. 전세가격이 오르는 것만 봐도 이를 알 수 있다. 현재까지는 높은 금리 수준 때문에 눈에 띈 상승세가 없지만 금리 인하가 확실시되면 부동산 가격은 상승할 가능성이 매우 높다.

지상철도 지하화 및 철도부지 통합개발에 관한 특별법 그 이후

지상철도 지하화 사업은 도심 한가운데를 가로지르는 지상 철로를 지하화하고, 지상 부지를 주거, 상업 시설 등으로 개발하는 사업이다. 이 사업은 선거 때마다 주요 공약으로 등장해 왔지만, 재원 부족 등의 이유로 실현되지 못했다. 지난 2024년 1월 '지상철도 지하화 및 철도부지 통합개발에 관한 특별법'이 제정되어 제도적 기반이 마련되면서 추진에 힘을 받고 있다.

현재 전국의 지상철도 지하화 대상 노선은 총 552 ㎞이다. 경기도가 8개 노선(경부, 경인, 경의, 경원, 경춘, 중앙, 경강, 안산선), 360 ㎞로 가장 길다. 이어서 서울(71.6 ㎞), 대전(36 ㎞), 대구(20 ㎞), 부산(19 ㎞), 광주(14 ㎞), 인천(13 ㎞), 경남(3 ㎞) 등이 뒤를 잇는다.

지상철도 지하화 사업에서 가장 중요한 부분을 짚자면 핵심 과제인 '사업성' 문제이다. 전국 552 ㎞ 지상철도 지하화에 약 50조 원이 소요될 것으로 추정된다. 이는 상부 개발을 통한 수익 창출이 어려운 지역도 포함되어 있기에 사업성 확보가 시급 과제로 떠올랐다.

또한 특별법에는 국가 차원의 재정 지원 방안이 포함되어 있지 않아, 사업성을 추가로 넓히기 위해서는 정부의 적극적인 개입이 필요하다. 필자는 그동안 강의를 통해 지상철도 지하화 사업의 성공을 위해서는 적극적인 재정 투입과 사업성 확보 방안 마련이 필요하다고 강조해 왔다. 지자체의 노력만으로는 한계가 있으며, 중앙정부 차원의 대책 마련이 필수적이다. 또한 신중한 접근과 함께 국가 전략적 차원의 로드맵 설정이 필요할 것이다.

그래서 어디를 살 것인가?

나는 지금도 실거주지 집을 매입하지 못한 지인들에게 말한다.

"서울역 근처에 제일 싼 아파트라도 하나 사 두세요."

앞으로 서울역이 어떻게 될 것인지를 아는 나로서는 허름하고 다

무너져가는 집이라도 이 집을 한 채 가지고 있는 것의 폭발력을 누구보다 잘 알고 있기에 하는 말이다. 내 말을 듣고 지금은 어리둥절하는 사람들이 더 많다. 어찌 보면 당장의 눈앞에 펼쳐진 현실만 보고서는 이러한 잠재적 가치를 이해하지 못할 수도 있다. 그래서 부동산은 보이지 않는 가치를 볼 줄 아는 사람들이 버는 것인지도 모른다.

에필로그

이 책을 통해 독자 여러분들께 철도 중심의 역세권 아파트 투자에 대한 저의 분석과 인사이트를 전달하게 되어 매우 기쁩니다. 부동산 투자에는 여러 가지 분석법과 다양한 견해가 존재합니다만 본 책에서는 철도에 집중하였습니다. 철도는 이동의 편리성을 제공할 뿐만 아니라 도시의 발전과 가치 상승에 큰 영향을 미치는 핵심 인프라로, 주변 지역의 상권과 주거 환경을 크게 변화시키는 원동력입니다.

제가 27년간 부동산 강의와 컨설팅을 하며 쌓아온 경험과 지식을 바탕으로, 철도 정책과 도시기본계획을 꼼꼼히 분석하여 미래가치 상승이 클 것으로 기대되는 아파트들을 추천 드렸습니다.

다만, 누구나 좋은 투자 물건이라는 사실은 알지만 접근하기 어려운 압구정 현대 아파트나 반포 원베일리와 같은 고가 아파트들은 제외했음을 명확히 하고자 합니다. 이러한 고가 아파트들은 많은 이들에게 실질적인 투자 대상으로는 적합하지 않기 때문에, 보다 현실적이고 접근 가능한 투자처를 소개하는 데 중점을 두었습니다.

당장은 어려운 시기일 수 있지만, 부동산 투자의 새로운 기회가 열리고 있다고 확신합니다. 철도 중심의 부동산 투자는 새로운 기회와 향후 지속적인 가치를 제공할 수 있는 분야이므로, 철저한 분석과 준비를 하신다면 분명 좋은 기회를 포착하실 수 있을 겁니다. 이 책에서 얻은 정보와 인사이트를 바탕으로 열심히 공부하셔서 성공적인 투자 결과를 얻길 기원합니다.

지속적으로 발표되는 부동산 정책에 대한 이해와 성공적인 투자를 원하신다면, 강의에 찾아오시기를 권해드립니다. 현장 강의에서는 이론이 아닌 실전 투자 강의를 진행하고 있습니다. 국내 최고의 실전 부동산 전문가로서, 최상의 투자를 실현시켜 드리기 위해 노력하고 있습니다.

이 책이 여러분의 부동산 투자 여정에 작은 도움이 되었기를 바랍니다. 다시 한번, 여러분의 모든 투자가 성공으로 이어지길 진심으로 기원하며, 여러분의 앞날에 행복과 번영이 가득하길 바랍니다.

삼성동 사무실에서
윤준, 유성호 드림

Special Bonus 1
부록

철도 가이드라인
(서울역~창동역)

01. 서울역

1) 부지개요 및 현황

① 부지개요

위치 현황

구분		내용
위치/면적		용산구 동자동 43-205번지 일대 / 약 210,000㎡
범위·경계 설정		
원칙		용산지구단위계획에 따른 서울역특별계획구역 경계, 토지소유현황, 주변지역 도로 등 고려하여 경계 설정 (별도계획이 진행중인 서울 역북부역 세권부지는 별도로 구분)
기준	동측	한강대로를 경계로 하되, 한강대로변 소규모 선형필지는 제외
	서측	청파로 경계 설정
	남측	청파로(지하차도) 경계로 하되, 민간부지 제외
	북측	칠패로를 경계로 하되 북부역세권부지 제외

기관제출 부지 현황

연번	제출기관	제출부지	위치/면적
①	철도공단	서울역 인근	용산구 동자동 43-205번지 일대 / 약 4,299㎡

② 입지여건 및 위상
- **(위치)** 서울도심 중심축 라인(광화문~한강)에 위치
- **(철도교통)** 4개 노선 환승(국철, 공항철도, 1·4호선) / GTX-A, GTX-B, 신안산선, 신분당선 예정
- **(위상)** 2040 서울도시기본계획 상 용산광역중심 범역 내 위치
  - 2040 서울도시기본계획 상 육성방향 : 역사도심에서 수용이 어려운 고밀·고층의 대형상업·업무시설 등을 흡수하고, 여의도·영등포와 연계한 국제기능 등 고차업무기능을 집적

- 생활권계획 상 육성방향 : 서울도심 및 여의도·영등포와 연계한 강북 신비즈니스 거점 조성

③ 주요 현황

구 분		내 용
소유현황		국가철도공단, 한국철도공사
지목현황		철도, 사적지, 대
도시관리계획 현황	대상지	(용도지역) 제3종 일반주거지역, 일반상업지역
	주변 위치	(용도지역) 한강대로변 : 일반상업지역 / 청파로변 : 제3종 일반주거지역
도시계획시설 현황		전체 부지의 중앙과 부지 우측에 일부만 철도시설 지정

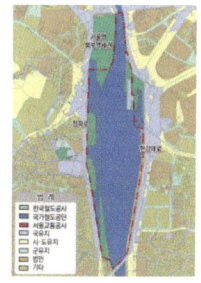
<소유 현황>

<지목 현황>

<도시관리계획 현황>

<도시계획시설 현황>

2) 상위·관련계획 및 주변지역 현황

① 상위관련계획

구 분	연 도	계 획 내 용
용산 지구단위계획	-	• 서울역특별계획구역 결정

서울역 공간구조 개선 및 종합계획 수립	`20년 ~	• 유라시아 철도시대의 국제관문 조성을 목표로 철도지하화를 통한 통합적 철도 환승체계 구축 및 철도부지 상부공간 개발 계획(안) 마련
서울역일대 도시재생사업	`17년	• 서울로주변 5대 권역 195만㎡의 주변 낙후지역에 대한 활성화 추진(보행문화거리, 남대문시장 진입광장 조성)

② 주변지역 계획·사업추진 현황

계획 및 사업	추진현황
양동 도시정비형 재개발구역	• 밀레니엄힐튼호텔 재개발 정비계획(인허가 단계) • 위치 : 서울 중구 남대문로 5가 395 일대 - 용적률 : 1,107.35%(현재 356.28%) / 높이 38층(최고 150m) - 쇼핑몰(지하2층~지상1층), 오피스(지상2~29층), 호텔(지상 30~38층)로 복합개발 - 대지면적 40%이상 녹지로 조성
동자동 도시정비형 재개발구역 (사업완료)	• 동자동 제2구역 정비계획(`22.8월 결정) - 대지면적 : 10,533㎡ - 용도 : 업무시설, 판매, 문화집회시설 / 지상2층 국제회의시설 도입(약 3,400㎡), 저층부 가로활성화용도 도입 - 지하철연결통로 건축물 내 조성
서계동 지구단위계획구역	• 서계동 역세권 청년주택 공급촉진지구 - 위치 : 용산구 서계동 100-1번지 일원 - 면적 : 2,584.9㎡ - 265세대(공공임대 43세대, SH선매입 8세대, 민간임대 214세대)
후암동 특별계획구역	• 후암동 제1구역 주택재건축정비사업 조합설립추진위원회 - `07.04.23. : 조합설립추진위원회 승인 - 주택공급계획 : 1,641세대(분양 787세대, 임대 854세대) • 용산지구단위계획(안) - 남산녹지축조성 : 후암동지역의 세부개발계획 수립 시 남산녹지축 조성지역(용산동2가 일대)과의 결합개발 방안을 검토 - 존치건축물(2개소) : KCC정보통신건물, 한국정보통신공사협회 건물
봉래 도시정비형 재개발구역	• 면적 : 30,752㎡ • 주용도 : 업무시설 / 건폐율 60%이하 / 용적률 : 1,012%이하 • 제1지구 용적률 : 600%/200%/1,012% • 제1지구 메리츠사옥 신축공사 진행 중(`20.03.~)

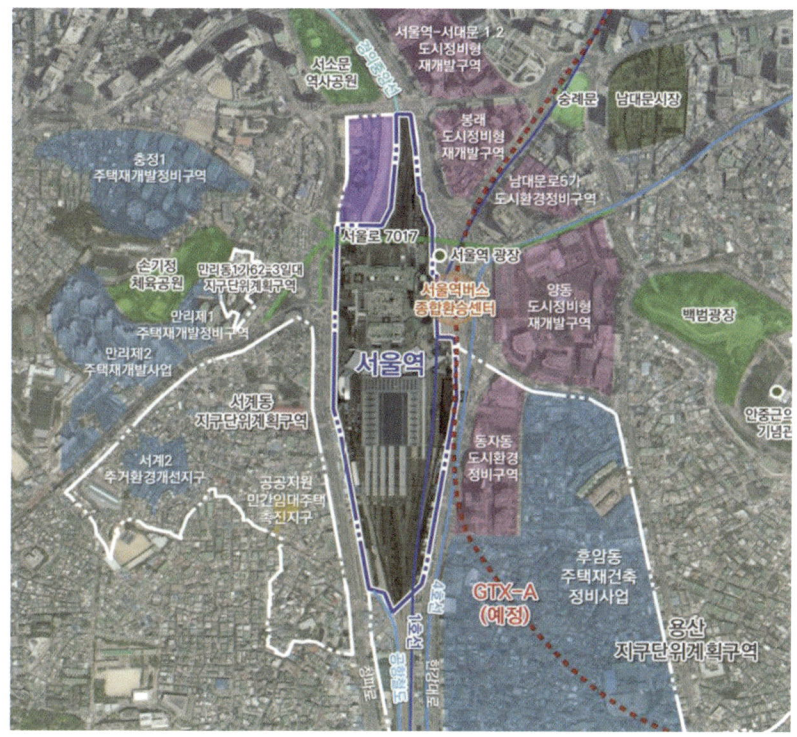

<서울역 주변지역 현황>

3) 개발추진현황 및 현안이슈

① 철도부지 개발추진현황

- '17.12. : 서울역 일대 미래비전 수립(서울시)
- '20.12. : 서울역 일대 철도기능 개선을 통한 공간구상(서울시)
- '21.07. : 서울역 공간구조 개선 및 종합계획 수립 연구 용역 (국토부, 서울시, 철도공단, 코레일 공동)
- '23.04. : 서울역 일대 마스터플랜 사전구상 용역 추진 중 (1차 : 사전 공간구상 / 2차 : 마스터플랜 수립)

② 현안이슈
- **(지역단절)** 지상철도 노출(약400m폭, 약1.2km길이)로 지역 간 보행·공간단절 심화
- **(환승체계 미흡)** 동측 대규모 버스환승센터 위치로 도로단절, 철도연계 미흡
- **(중심지 가로역할 부재)** 서측 대규모 옹벽 위치로 가로활력, 중심지 미관 저하

<중심부 대규모 지상철도 노출>

<동측 대규모 환승센터 위치>

<서측 대규모 옹벽 위치>

4) 부지별 관리기준

구분	내용
역세권 유형	도심·광역중심 유형
역세권 육성방향	• 전국단위·글로벌 관문으로서 교류거점 육성 • 고차 업무기능이 집적된 도심 신비즈니스 거점 육성
토지이용방향	광역적 업무 복합기능 도입 (광역철도역사를 중심으로 국제업무, 교류, 문화, 중심상업 등)
도입기능(주용도)	업무(지식산업센터 포함, 오피스텔 제외), 숙박, 문화/집회, 판매
용도지역	일반상업지역 이내(심의를 통해 중심상업까지 허용)
공공기여 유형	(광역단위 교류중심지 형성을 위한) 오픈스페이스, 시민공간 조성, 문화·교류, 공공업무 시설 유도
개발여건 평가	중점관리 (*편익이 예상되는 도심역세권부지 또는 사업이 제안된 부지)

공간관리 가이드라인 (주변지역 연계방안)	(공공공간 확충 및 연계) 오픈스페이스 확충, 주변지역 보행연계 강화, 보행 및 자전거 네트워크 연결
	(역사이용 및 교통 편의성 증진) 다양한 교통수단 간 편리한 환승체계 구축
	(역세권 일대 활력 창출) 도시 접점부 계획 마련, 철도부지 전·후면부의 역세권을 통합적으로 육성
	(녹지네트워크 연결) 서소문 역사공원, 손기정 체육공원, 백범광장 등 역사 주변공원과 녹지축이 연결되도록 계획
	(주변과의 조화) 역사 주변사업 및 계획(동자동 도시환경 정비구역, 양동 도시정비형 재개발 구역 등)을 고려하여 건축물 용도, 높이, 용적률 등을 계획
사업추진 관련	(통합·단계적 개발계획 마련) 전체부지에 대해 글로벌 관문거점 및 신비즈니스 공간 육성을 위한 통합 마스터플랜과 세부 개발계획을 수립 (권장 사업방식) 용산지구단위계획구역내 서울역특별계획구역으로서 세부 마스터플랜 에 따라 용도지역 조정을 위한 도시계획변경 사전협상 추진

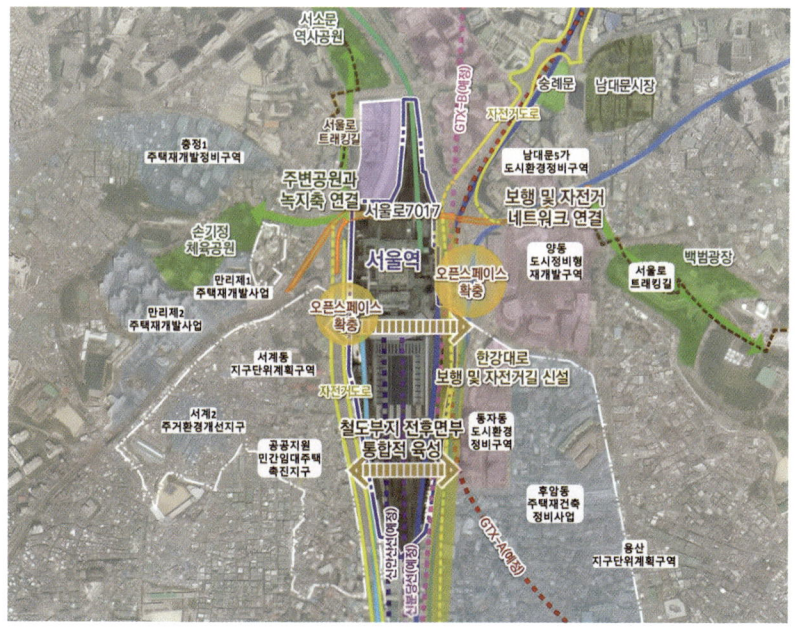

<서울역 가이드라인 예시(안)>

02. 서울역북부역세권

1) 부지개요 및 현황
① 부지개요

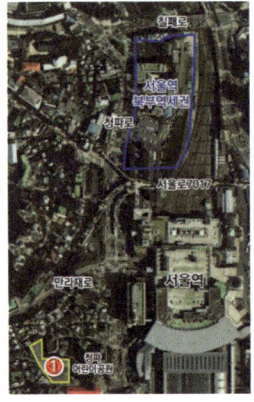

위치 현황

구분		내용
위치/면적		중구 봉래동2가 112번지 일대 / 약 27,700㎡
범위·경계 설정		
원칙		용산지구단위계획에 따른 서울역북부특별계획구역 범위
기준	동측	도시계획변경 사전협상 완료 및 도시관리계획 결정범위 동측 경계
	서측	청파로 경계
	남측	도시계획변경 사전협상 완료 및 도시관리계획 결정범위 남측 경계
	북측	칠패로 경계(민간부지 제외)

기관제출 부지 현황

연번	제출기관	제출부지	위치/면적
①	철도공단	블루힐 기숙사	용산구 서계동 226-13번지 일대 / 약 2,700㎡

② 입지여건 및 위상

- **(위치)** 서소문공원과 서울역을 연결하고, 주변으로는 도심 재개발사업이 집중된 도심 업무기능의 연장축상에 위치

③ 주요 현황

구 분	내 용
소유현황	한국철도공사, 국가철도공단
지목현황	철도용지

도시관리 계획 현황	대상지	(용도지역) 일반상업지역, 제3종일반주거지역
	주변	(용도지역) 동측 선로부지, 칠패로변 : 제3종일반주거지역 / 청파로변 : 일반상업지역
도시계획시설 현황		시설지정 없음

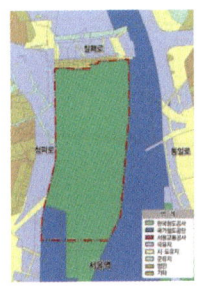
<소유 현황>

<지목 현황>

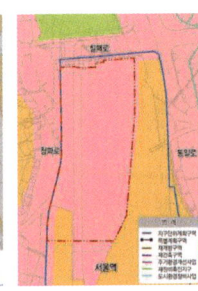
<도시관리계획 현황>

<도시계획시설 현황>

2) 상위·관련계획 및 주변지역 현황

① 상위관련계획

구분	연도	계획내용
서울역 북부역세권 개발사업	`16년 ~	• 연면적 35만㎡, 지하6층~지상38층 규모, 총 5개 건물로 이뤄진 전시·호텔·판매·업무 복합단지로 개발 • 도심·강북권 최초로 2,000명 이상을 수용할 수 있는 국제회의 수준의 회의장·전시장을 갖춘 컨벤션(MICE)시설 건립 • 공공기여금(약 2,900억원)을 활용해 서울역 일대 인프라를 확충하고, 서울시 전체 균형발전에 투자(보행 네트워크 조성, 장기미집행시설 집행 등) • 블루힐 기숙사 개발 :북부역세권 공공기여를 연계하여 청파공원 조성 및 승무원 기숙사 신설(지상5층) • `21년 사전협상 완료 / `22년 도시건축공동위원회 심의 / `23년 2월 용산 지구 • 단위계획 및 서울역북부 특별계획구역 세부개발계획 결정 및 고시

3) 부지별 관리기준

구 분	내 용
역세권 유형	도심·광역중심 유형
역세권 육성방향	• 전국단위·글로벌 관문으로서 교류거점 육성 • 고차 업무기능이 집적된 도심 신비즈니스 거점 육성
토지이용방향	광역적 업무 복합기능 도입(광역철도역사를 중심으로 국제업무, 교류, 문화, 중심상업 등)
도입기능(주용도)	업무(지식산업센터 포함, 오피스텔 제외), 숙박, 문화/집회, 판매
용도지역	일반상업지역 이내(심의를 통해 중심상업까지 허용)
공공기여 유형	(광역단위 교류중심지 형성을 위한) 오픈스페이스, 시민공간 조성, 문화·교류, 공공업무 시설 유도
개발여건 평가	중점관리 (*사업이 진행 중인 역세권부지)
공간관리 가이드라인	(보행네트워크 형성) 서울로 7017, 서소문공원 등 주변지역 연결 입체보행 네트워크 구축

03. 영등포역

1) 부지개요 및 현황

① 부지개요

위치 현황

구분		내용
위치/면적		영등포구 영등포동 618-49번지 일대 / 약 136,000㎡
	범위·경계 설정	
원칙		지목상 철도부지를 대상으로 영등포역사 및 주변 공공공지, 철도 유휴부지 등을 포함하는 범위로 부지경계 설정
기준	동측	영등포공원 인접부 경계
	서측	도림로 경계
	남측	도영로 및 영신로19길 철도용지 경계(민간부지 제외)
	북측	경인로90길 및 경인로 경계(철도용지 주변 공공공지 포함)

기관제출 부지 현황

연번	제출기관	제출부지	위치/면적
①	한국철도공사	영등포역 소화물취급소	영등포구 영등포동 651번지 일대 / 2,739㎡

② 입지여건 및 위상
- **(위치)** 서울 3도심 중 하나인 여의도·영등포 도심에 위치
- **(철도교통)** 경부선, 1호선 교차, 신안산선 신설 예정
- **(위상)** 영등포 역사 전면의 상업지역, 주변의 노후한 산업공간의 재개발추진과 연계하여 서남권을 대표하는 일자리 및 생활·문화공간 조성 잠재력 보유
  - 롯데백화점, 타임스퀘어, 영등포중앙시장 등 다수의 상업시설 연계 가능
  - 철도부지 주변으로 쪽방촌 공공주택사업을 비롯하여 다수의 도시정비형 재개발사업 추진 예정

③ 주요 현황

구 분		내 용
소유현황		한국철도공사, 국가철도공단 등
지목현황		철도용지, 공원, 대 등
도시관리 계획 현황	대상지	(용도지역) 준공업지역, 일반상업지역
	주변	(용도지역) 북측 경인로변 : 일반상업지역 철도부지 주변 : 준공업지역 내 노후공장들이 집적
도시계획시설 현황		영등포역사를 포함하는 일부만 철도시설로 지정

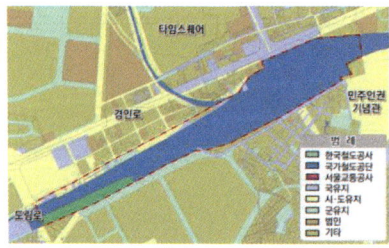

<소유 현황>

<지목 현황>

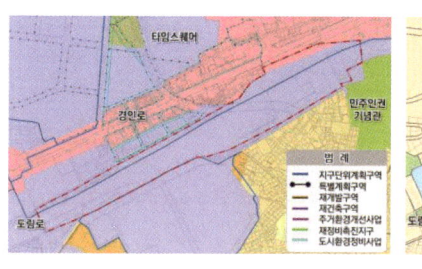

<도시관리계획 현황>

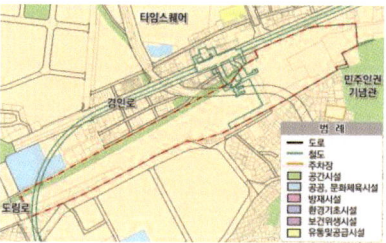

<도시계획시설 현황>

2) 상위·관련계획 및 주변지역 현황

① 상위관련계획

구 분	연 도	계 획 내 용
영등포·여의도 도심관리기본 계획	`21년	• 경인로 및 철도역 주변 지역을 영등포를 대표하는 신산업 발전 축으로 육성 • 장기적으로 철도지하화/데크화 검토를 통해 경부선 철도 양안의 연결성 개선
영등포 경인로 일대 도시재생 활성화계획	`18년 ~`23년	• 영등포역의 공공성을 강화하고 지역재생거점으로 육성하기 위한 추진전략 수립(대중교통환승체계 개선, 토착산업과 연계한 일자리 기능 강화 등) • 영등포역사 내 사회적기업 육성공간 조성사업, 영등포역 북측 광장 및 남측 공간 개선사업 등 계획

② 주변지역 계획·사업추진 현황

계획 및 사업	추진현황
영등포 공공주택지구 지구단위계획	• 위치 : 서울시 영등포구 영등포동 일원 / 면적 : 9,849.9㎡ • 사업시행기간 : `20.07월 ~ `26.12월 • 주상복합 782호 (1,319인/ha)
영등포 도심역세권 도시정비형 재개발	• 위치 : 영등포구 영등포동4가 431-6번지 일대 • 면적 : 23,094㎡ • 999세대, 용적률 : 770%, 건폐율 : 59% • 추진경과 : 조합설립추진위원회 승인

영등포 대선제분 일대 도시정비형 재개발	• 대선제분 일대 재개발1구역 제1지구 재개발사업 - 위치 : 영등포구 문래동3가 16-32번지 일대 - 면적 : 2,200㎡ - 공동주택 141가구, 오피스텔 60실, 근린생활시설 등 - 추진경과 : 사업시행인가
신길제2구역 주택재개발	• 위치 : 영등포구 신길동 190번지 일대 • 면적 : 116,898㎡ • 공동주택 2,786가구, 부대복리시설 등 • 용적률 : 299.88%, 건폐율 23.66% • 추진경과 : 조합설립인가

<영등포역 주변지역 현황>

3) 개발추진현황 및 현안이슈

① 철도부지 개발추진현황

- 영등포역 소화물취급소 : 도시형생활주택(145세대) 공사준공 및 입주 ('21.10.)
- '17.12월 : 민자역사 국가귀속 완료
- '19.06월 : 영등포역 신규 사업자로 '롯데' 선정
- '20년 : 영등포 경인로 일대 도시재생활성화계획 수립(서울시)
  - 영등포역 공공성 강화사업 : 영등포역 북측 광장 및 남측 공간 개선사업(북

측 광장- 광장 및 보행공간, 가로환경 시설물 개선 / 남측 공간 - 역사 광장 및 보행환경 개선), 사회적기업 육성공간 (영등포역사 내) 조성사업 등

② 현안이슈
- **(노후화)** 철도 주변지역 노후 영세산업공장의 집적으로 물리적 환경개선 지연 및 노후화 심화
- **(보행단절)** 영등포 도심 내부 광폭의 지상철도 입지로 인한 철도 양측지역의 보행단절 및 도시활동 단절 심화

< 영등포역일대 노후화된 공장부지 >

<영등포역일대 철도 양측지역 공간연결 현황>

4) 부지별 관리기준

구 분	내 용
역세권 유형	도심·광역중심 유형
역세권 육성방향	영등포 도심을 대표하는 신산업공간(4차산업공간 등 신산업 벤처밸리) 육성
토지이용방향	광역적 업무 복합기능 도입(광역철도역사를 중심으로 국제업무, 교류, 문화, 중심상업 등)
도입기능(주용도)	업무(지식산업센터 포함, 오피스텔 제외), 숙박, 문화/집회, 판매
용도지역	일반상업지역 이내(심의를 통해 중심상업까지 허용)
공공기여 유형	(광역단위 교류중심지 형성을 위한) 오픈스페이스, 시민공간 조성, 문화·교류, 공공업무 시설 유도
개발여건 평가	중점관리 (*편익이 예상되는 도심역세권부지 또는 사업이 제안된 부지)

공간관리 가이드라인 (주변지역 연계방안)	(철도부지 입체화) 영등포역 철도상부공간의 입체화(지하화)를 통한 단절된 도심공간 연결성 개선 및 통합 도심공간 조성	
	(녹지네트워크 형성) 철도부지 및 부지북측 공공공지를 따라 도림천~영등포역~샛강생태공원 등을 연결하는 종합적인 녹지·보행체계 구축	
	(주변지역과의 연계) 문래예술창작촌, 대선제분부지 문화공장, 영중로변 상업지역 등과 철도부지 남측공간을 연결하는 촘촘한 보행·문화 네트워크 조성	
사업추진 관련	(체계적이고 종합적인 계획 마련) 북측의 노후 산업지역을 포함하여 경인축 일대를 영등포 신산업공간으로 육성하기 위한 종합적인 마스터플랜 수립 (권장 사업방식) • 철도부지를 영등포부도심 지구단위계획 구역에 포함하고, 영등포역 특별계획구역 지정 • 향후 철도지하화 추진 시 선로구간은 도시계획 시설결정을 통해 관리, 지상공간은 비도시계획시설의 공간적 범위결정을 통해 입체적 공간활용 도모 • 철도부지 주변 유휴부지는 도시계획시설 해제를 통해 개발의 자율성 부여	

04. 신도림역

1) 부지개요 및 현황

① 부지개요

위치 현황

구분		내용
위치/면적		구로구 신도림동 30-2번지 일대 / 약 22,000㎡
		범위·경계 설정
원칙		여의도·영등포 도심범역 내 지목상 철도부지이자 도시 계획시설상 철도시설 경계를 부지경계로 설정
기준	동측	대방천로 경계
	서측	영등포·여의도 도심범위 경계
	남측	신도림역주변 특별계획구역(3블럭) 구역계 경계
	북측	신도림역주변 특별계획구역(대성연탄)부지 남측 경인로 경계

② 입지여건 및 위상

- **(위치)** 여의도·영등포 도심권역 내 위치한 신도림 역세권지역
- **(철도교통)** 2개 노선 환승(1·2호선), GTX-B 노선 신설 예정

- **(위상)** 상업지역 내 신도림디큐브시티, 테크노마트, 이마트 등 복합용도개발이 완료 된 서남권의 중심 역세권
  - 디큐브시티는 대성산업의 연탄공장이 있던 자리로 2011년 개발완료된 구로구의 대표적인 복합 문화 상업공간이자 구로구에서 가장 높은 마천루 형성 (최고높이 190m)

③ 주요 현황

구 분		내 용
소유현황		국가철도공단 / 시·도유지
지목현황		철도용지, 하천 등
도시관리 계획 현황	대상지	(용도지역) 제3종일반주거지역, 자연녹지지역
	주변	(용도지역) 철도부지 양측 : 일반상업지역 / 동측 : 자연녹지지역
도시계획시설 현황		철도시설

<소유 현황>　　<지목 현황>　　<도시관리계획 현황>　　<도시계획시설 현황>

2) 상위·관련계획 및 주변지역 현황
① 상위관련계획

구 분	연 도	계 획 내 용
구로역 및 신도림역세권 지구단위계획	`16년	• 철도부지를 포함하여 주변지역이 신도림주변 특별계획구역으로 결정됨 • 용적률 : 기준 400%, 허용 660% / 높이 : 180~190m 이하로 계획 • 지하철2호선역과 연계하여 지하광장, 지하연결통로, 지하공공보도 등 계획, 도림천변으로 디큐브시티 해바라기 공원 공공공지 등이 계획
생활권 계획	`17년	• 미래상 : 교통중심, 클린 환경이 갖춰진 신문화 창조의 구로·신도림 생활권 • 경인로변 신산업 및 지역중심기능 강화를 통한 서남권 발전축 형성 • 안양천, 도림천변 녹지공간 정비 및 활용성 강화 • 경인중심축(여의도~영등포~신도림)강화 및 영등포 역세권 활성화 유도

② 주변지역 계획·사업추진 현황

계획 및 사업	추진현황
문래동1가A 도시정비형 재개발	• 영등포구 문래동1가 74번지 일대 • 면적 : 45,884㎡ • 일반정비형 • 용적률 : 300%이하 / 400%이하
문래동1가B 도시정비형 재개발	• 영등포구 문래동1가 64번지 일대 • 면적 : 27,878㎡ • 소단위관리형 • 용적률 : 350%이하 / 400%이하
문래동2가A 도시정비형 재개발	• 영등포구 문래동2가 30-1번지 일대 • 41,680㎡ • 일반정비형 • 용적률 : 300%이하 / 400%이하 • 4지구 정비계획 변경(안) 조건부 가결

<신도림역 주변지역 현황>

3) 개발추진현황 및 현안이슈

① 철도부지 개발추진현황

- 별도의 개발추진현황 없음

② 현안이슈

- **(개발가용지 부족)** 철도 주변지역을 대상으로 한 대규모 개발완료로 철도 선로 상부 공간 외 추가적인 개발가용부지 부족
- **(공간단절)** 지상철도로 인한 양측지역의 보행 및 도로교통 단절
- **(공간연계성 미흡)** 인접한 도림천 수변공간 및 문래동 산업공간과의 연계성 부족

4) 부지별 관리기준

구 분	내 용
역세권 유형	도심·광역중심 유형
역세권 육성방향	영등포·여의도 도심기능 보완(신산업·업무공간 / 수변문화공간 육성)
토지이용방향	광역적 업무 복합기능 도입(광역철도역사를 중심으로 국제업무, 교류, 문화, 중심상업 등)
도입기능(주용도)	업무(지식산업센터 포함, 오피스텔 제외), 숙박, 문화/집회, 판매
용도지역	일반상업지역 이내(심의를 통해 중심상업까지 허용)
공공기여 유형	(광역단위 교류중심지 형성을 위한) 오픈스페이스, 시민공간 조성, 문화·교류, 공공업무 시설 유도
개발여건 평가	중점관리 (*편익이 예상되는 도심역세권부지 또는 사업이 제안된 부지)
공간관리 가이드라인 (주변지역 연계방안)	(보행네트워크 연결) 기개발된 디큐브시티, 테크노마트 등을 지하·지상에서 연결하는 입체적인 보행네트워크 체계를 구축
	(오픈스페이스 확보) 신도림역 ~ 도림천 ~ 영등포역으로 연결되는 녹지축의 연속성을 확보하고, 보행·녹지 네트워크 형성을 위한 오픈스페이스 공간 조성
	(주변지역과의 연결) 도림천 수변공간과의 보행 접근성 강화를 위한 도림천 방면 출입구 신설, 문래동 상업공간 안내 시인성 개선 등 주변지역과의 연계성 강화
사업추진 관련	(종합적인 계획 마련) 철도부지를 비롯하여 도림천변 유수지, 도림천 수변공간 등을 포 함하는 종합적인 공간조성 마스터플랜 수립 (권장 사업방식) 철도부지를 대상으로 신도림역사부지 특별계획구역 지정 검토

05. 용산역

1) 부지개요 및 현황
① 부지개요

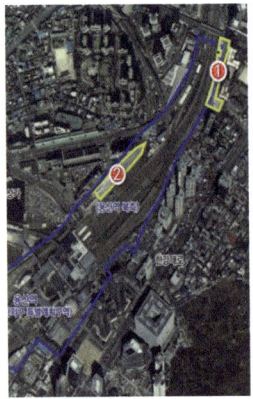

위치 현황

구분		내용
위치/면적		용산구 한강로2가 2번지 일대 / 약 226,000㎡
범위·경계 설정		
원칙		지목상 철도부지를 대상으로 용산역사 및 용산역 북측 선로부지를 포함하는 범위로 부지경계 설정
기준	동측	한강대로53길 등 도시계획도로 및 민간부지 특별계획구역 등 경계
	서측	청파로, 청파로20길 및 문배지구 특별계획구역 등 경계
	남측	용산역사지구 특별계획구역 남측 경계
	북측	백범로(삼각지고가차도) 경계

기관제출 부지 현황

연번	제출기관	제출부지	위치/면적
①	철도공사	삼각지역 인근	한강로2가 2-40번지 일대/ 약 10,057㎡
②	철도공단	용산역 인근	한강로2가 16-2번지 일대/ 약 5,600㎡

② 입지여건 및 위상
- **(위치)** 용산광역중심 내 서울역~용산국제업무지구를 연결하는 철도축상 위치
- **(철도교통)** 다수의 철도노선이 집결된 서울의 중심 역사
  - KTX(호남, 전라, 장항선), 경의중앙선, 1호선, 4호선(신용산역) / GTX-B, 신분당선 신설예정

- **(위상)** 광역교통의 중심지이자 주변으로 서울역, 용산국제업무지구, 용산공원, 한강 등이 위치한 서울의 중심공간

③ 주요 현황

구 분		내 용
소유현황		국가철도공단 / 국유지
지목현황		철도, 하천, 제방 등
도시관리 계획 현황	대상지	(용도지역) 제2종일반주거지역, 제3종일반주거지역, 일반상업지역
	주변	(용도지역) 대부분 일반상업지역, 준주거지역 / 인접한 용산국제업무지구 특별계획구역은 준주거, 일반상업지역, 중심상업지역 등으로 변경 계획 예정
도시계획시설 현황		용산역사 부분만 철도시설로 지정

<소유 현황>   <지목 현황>   <도시관리계획 현황>   <도시계획시설 현황>

2) 상위·관련계획 및 주변지역 현황

① 상위관련계획

구 분	연 도	계 획 내 용
용산지구단위 계획	'16년	• 용산역은 용산역사지구 특별계획구역으로 지정 - 용적률 : 기준 250%, 허용 250% / 높이 : 150m이하 • 서측 문배지구 특별계획구역(C-블럭) - 용적률 : 250%, 450%, 500% / 높이 : 110m이하 • 동측 신용산역 북측 특별계획구역 - 용적률 : 560%, 750%, 1,000% / 높이 : 100m이하
용산역 인근부지	'23년 이후	• 용산국제업무지구 광역교통개선대책 상 도로 계획 필요 • 용산국제업무지구 광역교통개선대책 수립 후 개발 추진 예정
용산구 삼각지역 인근부지	-	• 용산초교주변 특별계획구역 역세권 청년주택 공급촉진지구 지정

② 주변지역 계획·사업추진 현황

계획 및 사업	추진현황
신용산역 북측 재개발정비구역	• 신용산역북측 제1구역 - 건축계획안 통과(공동주택 : 38층/324세대 2개동, 업무시설 : 28층/1개동) - 2025년 착공 예정 • 신용산역북측 제2구역 - 사업시행인가고시 완료 - 주거시설 3개동(22층, 21층, 33층), 업무시설 1개동(27층) 등
용산역전면 도시정비형 재개발	• 용산역전면 제1-1구역 - 국방군사시설(나인트리 프리미어 로카우스 호텔) 위치 • 용산역전면 제1-2구역 - 조합설립추진위원회승인 • 용산역 전면 제2구역 - 사업완료(주거시설 1개동/38층, 업무시설 1개동/39층) • 용산역 전면 제3구역 - 사업완료(주상복합 2개동/40층)
용산초교주변 특별계획구역 역세권 청년주택 공급촉진지구	• 위치 : 용산구 한강로2가 2-350번지 일대 / 면적 : 8,671.1㎡ • 총 1,086세대(공공임대주택 : 323세대 / 민간임대주택 : 763세대) • 공공청사(건축물 기부채납 지하1층, 지상2층)

신계구역 주택재개발정비구역	• 위치 : 용산구 신계동 1-1번지 일대 / 면적 : 53,626㎡ • 건폐율 20%이하 / 용적률 250%이하 • 13개동 / 25층 / 867세대(임대주택 : 168세대)

<용산역 주변지역 현황>

3) 개발추진현황 및 현안이슈

① 철도부지 개발추진현황

- 용산 게이트웨이 조성
  - 용산공원~용산역~용산국제업무지구~한강으로 연결되는 보행·녹지축 조성
  - 용산공원, 용산국제업무지구 등 핵심거점을 연계하고 한강대로로 단절된 보행공간을 입체적으로 연결하는 보행·녹지 체계 구축
  - 용산역 전면부의 대중교통 편의성을 높이고, 시민활동의 중심공간이 되도록 조성

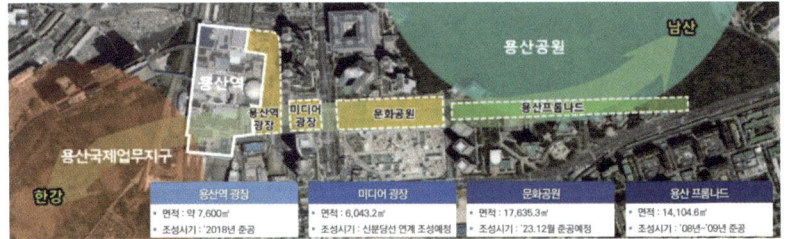

<용산역 주변지역 현황>

② 현안이슈

- **(공간단절)** 광폭의 철도부지(150m)로 인해 용산광역중심 동서지역 간 상호 단절
- **(환경저하)** 경계부로 다수의 노후건축물, 자원순환시설(고물상) 등의 입지로 도시환 경 저하 발생
- **(소극적 부지이용)** 부지 대부분이 선로공간으로 구성되어 있어 지하화 이전까지는 적극적 부지이용 한계

4) 부지별 관리기준

구 분	내 용
역세권 유형	도심·광역중심 유형
역세권 육성방향	용산국제업무지구 연계, 글로벌 기술혁신을 선도하는 신산업 융·복합공간 육성
토지이용방향	광역적 업무 복합기능 도입(광역철도역사를 중심으로 국제업무, 교류, 문화, 중심상업 등)
도입기능(주용도)	업무(지식산업센터 포함, 오피스텔 제외), 숙박, 문화/집회, 판매
용도지역	일반상업지역 이내
공공기여 유형	(광역단위 교류중심지 형성을 위한) 오픈스페이스, 시민공간 조성, 문화·교류, 공공업무 시설 유도
개발여건 평가	중점관리 (*편익이 예상되는 도심역세권부지 또는 사업이 제안된 부지)

공간관리 가이드라인 (주변지역 연계방안)	(보행·녹지축 연결) 서울역~용산역~한강, 경의선 숲길, 용산전자상가, 국제업무지구, 용산공원 등을 연결하는 보행·녹지축의 연속성 확보
	(도시가로 활력창출) 단절된 도로, 보행공간 연결 및 가로활성화용도 도입 등 가로활력 증진 도모
	(주변지역과의 연계) 국제업무지구, 용산공원, 등 주변에 위치한 국가중심 공간의 위상에 걸맞는 미래적인 역사개발을 지향
사업추진 관련	(체계적이고 종합적인 계획수립) 용산역 북측 부지를 포함하는 용산역 일대를 신산업 융·복합공간으로 육성하기 위한 마스터플랜 수립 후 필요 시 세부 사업지구 분할 및 부지개발 절차 진행 (권장 사업방식) • 용산지구단위계획에 따른 용산역 북측 특별계획구역 지정 검토 • 철도지하화 추진 시 지하선로구간은 도시계획 시설결정을 통해 관리, 지상공간은 비도시계획시설의 공간적 범위결정을 통해 입체적 공간활용 도모, 주변 유휴부지는 도시계획시설 해제를 통해 개발의 자율성 부여

06. 수색역세권

1) 부지개요 및 현황

① 부지개요

위치 현황

구분		내용
위치/면적		은평구 수색동 81번지 일대 / 약 130,943㎡
범위·경계 설정		
원칙		수색·상암 광역중심 범역을 대상으로 하여 수색역, DMC역, 수색차량기지를 모두 포함하는 범위로 부지경계 설정
기준	동측	중산로 경계(도시철도6호선 역사 포함)
	서측	가양대로 경계
	남측	성암로 경계
	북측	수색로변 철도용지 경계(민간 소유부지 제외)

기관제출 부지 현황

연번	제출기관	제출부지	위치/면적
①	국가철도공단	DMC역 (경의중앙선)	은평구 수색동 37-7번지 일대 / 약 15,118㎡
②	서울교통공사	DMC역(6호선)	은평구 증산동 175번지 일대 / 약 3,714㎡
③	한국철도공사	DMC역 복합개발	마포구 상암동 1092번지 일대 / 약 20,440㎡

② 입지여건 및 위상

- **(위치)** 상암·수색 광역중심 범역 내 위치
- **(철도교통)** 철도교통의 중심지이자 서울서북권 광역교통의 중심지
  - 3개의 노선이 교차 : 경의중앙선, 6호선, 공항철도
- **(위상)** 상암DMC와 수색증산뉴타운을 연결하는 중심공간으로서 대규모 가용부지에 기반한 서북권의 광역적인 교통, 문화, 경제 교류거점

③ 주요 현황

구 분		내 용
소유현황		수색역 : 한국철도공사 / DMC역(경의중앙선) : 국가철도공단 / DMC역(6호선) : 서울교통공사 등
지목현황		철도용지, 구거, 대 등
도시관리 계획 현황	대상지	(용도지역) 자연녹지지역, 제2종일반주거지역, 준주거지역 등
	주변	(관리계획) 북측 수색로변 : 수색·증산 재정비촉진사업 추진 중 / 남측 : 상암DMC 개발 완료
도시계획시설 현황		철도시설

<소유 현황>   <지목 현황>

<도시관리계획 현황>　　　　　　<도시계획시설 현황>

2) 상위·관련계획 및 주변지역 현황
① 상위관련계획

구 분	연 도	계 획 내 용
DMC역 복합개발사업	`19년 ~`26년	• DMC역 일대를 대상으로 판매, 문화 및 집회시설, 역무시설 등을 복합한 복합개발 추진 • 상암DMC지역부지와 연계하여 서북생활권의 중심상업지로 육성하고 보행자 중심으로 환승체계 개선
수색차량기지 철도시설 이전 및 이전부지 개발	`16년 ~`30년	• 고양시 덕은동일대 철도부지를 활용하여 수색차량지 철도시설 이전 및 현대화를 도모(`26년까지 완료 목표) • 이전부지일대는 업무·상업 및 첨단 산업기능(미디어·엔터테인먼트, BT, IT 등)을 확충하여 서북권의 광역중심으로 육성(`30년까지 완료 목표)
수색·DMC역 주변지역 지구단위계획	-	• 특별계획구역12(수색역 부지) : 복합문화·관광 허브 조성 • 특별계획구역13(DMC역 부지) : 상업·문화·오락이 어우러진 복합시설 육성 • 특별계획구역14(차량기지 이전부지) : DMC 지원기능 육성

② 주변지역 계획·사업추진 현황

계획 및 사업	추진현황
수색·증산 재정비촉진지구	• 면적 : 792,871.2㎡ • 인구주택수용계획 : 13,552호 / 36,938인 • 수색6재정비촉진구역(66,062㎡) - 건폐율 : 21.56% / 용적률 : 267.9% / 층수 : 지상30층 / 공동주택 및 부대복리시설 • 수색9재정비촉진구역(36,458㎡) - 9-1 : 용적률 274% / 건폐율 50% / 최고높이 92m / 공동주택 및 부대복리시설 - 9-2 : 용적률 439% / 건폐율 60% / 최고높이 85m / 판매·업무시설 및 공동주택
상암택지개발지구 지구단위계획	• 마포구 상암동 509-7번지 일원 • 면적 : 1,690,256㎡ / 수용인구 : 15,644인 / 건립호수 : 5,594호 • 특별계획구역(13, 14, 15) - 13·4 획지 면적 : 12,700㎡ / 15 획지 면적 : 7,943㎡ - DMC역과 13·4, 15 획지를 연결하는 지상·지하 연결통로 계획 - 롯데쇼핑이 부지를 매입해 복합쇼핑몰인 롯데몰 건설을 추진 중 • 상암 DMC 랜드마크용지 : 첨단복합비즈니스센터 건립을 위한 용지매각 절차 진행 중

<수색역세권 주변지역 현황>

3) 개발추진현황 및 현안이슈

① 철도부지 개발추진현황

- DMC역 복합개발
  - I3·4·5부지와 연계하여 서북권의 중심상업지로 개발
  - 건축규모 : 건폐율 53%, 용적률 236%, 지하4층/지상10층
  - 건축면적 : 10,832.45㎡ / 연면적 : 83,080.01㎡
  - 사전협상 제안서 보완제출 예정
- 차량기지 이전사업
  - 수색교 서측부지(고양시 덕양구 덕은동 20번지 일대)로 이전
  - 사업비 : 8,174억원(매각대금 활용)
  - 차량기지 이전 후('26년) 이전부지 개발사업 추진('30년), 업무·판매·문화 및 주거 등 기능 도입

② 현안이슈

- **(공간단절)** 지상철도로 인한 상암~수색지역 간 물리적·기능적 단절 심화
- **(환승편의성 저하)** DMC역 일대 철도교통 환승여건 불편(평균환승저항 약 500m 수준)

<지상철도로 인한 기능 및 공간 단절>

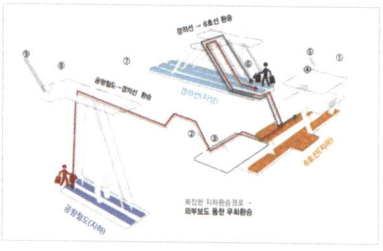

<DMC역 일대 철도교통 환승여건>

4) 부지별 관리기준

구분	내용
역세권 유형	도심·광역중심 유형
역세권 육성방향	DMC의 미디어·엔터테인먼트/BT/IT 등을 연계하여 서북권의 광역적인 교통, 문화, 경제 교류거점 육성
토지이용방향	광역적 업무 복합기능 도입(광역철도역사를 중심으로 국제업무, 교류, 문화, 중심상업 등)
도입기능(주용도)	업무(지식산업센터 포함, 오피스텔 제외), 숙박, 문화/집회, 판매
용도지역	일반상업지역 이내
공공기여 유형	(광역단위 교류중심지 형성을 위한) 오픈스페이스, 시민공간 조성, 문화·교류, 공공업무 시설 유도
개발여건 평가	중점관리 (*사업이 진행 중인 부지)
공간관리 가이드라인 (주변지역 연계방안)	(공간연결) 철도부지 양측으로 단절된 수색~상암지역을 상호 연결하는 연결도로 및 공공보행통로 구축
	(오픈스페이스 확충) 역사 전면성 확보를 위한 전면광장 및 시민공간 등을 조성하고, 도시공간을 확장을 통해 통합된 공공공간조성
사업추진 관련	(종합적이고 체계적인 계획 수립) 역사복합개발 마스터플랜 수립 후 마스터플랜에 따라 필요 시 세부 사업지구 분할 및 부지개발 절차 진행 (권장 사업방식) 철도시설(선로 및 철도역사)은 도시계획시설결정을 통해 관리, 철도 상 부공간은 비도시계획시설의 공간적 범위결정을 통해 입체적 공간활용 도모

07. 청량리역

1) 부지개요 및 현황
① 부지개요

위치 현황

구분	내용
위치/면적	동대문구 전농동 588-1번지 일대 / 약 162,000㎡
범위·경계 설정	
원칙	청량리·왕십리 광역중심 범역을 대상으로 하여 청량리역 일대를 비롯한 청량리 차량정비고 등을 모두 포함하는 범위로 역세권 부지경계를 설정
기준 동측	청량리차량정비고 및 서울시립대로 경계
기준 서측	왕산로변 및 답십리로11길 민간부지 경계
기준 남측	답십리로 경계
기준 북측	서울시립대로19길 경계

기관제출 부지 현황

연번	제출기관	제출부지	위치/면적
①	철도공사	청량리역 차량정비고	동대문구 전농동 575번지 일대 / 약 34,000㎡

② 입지여건 및 위상
- **(위치)** 도시공간구조상 청량리·왕십리 광역중심 범역 내 중심역세권
- **(철도교통)** 수도권과 연결되는 동북부의 광역적인 철도교통 요충지
  - KTX, 1호선(경원선), 경의중앙선, 경춘선, 분당선이 교차
  - GTX-B, GTX-C, 강북횡단선, 면목선 등 신설 예정
- **(위상)** 대학가 유동인구에 기반한 수도권 동북부의 최대 상업·업무 중심지

③ 주요 현황

구 분		내 용
소유현황		역사 및 철로 : 국가철도공단 / 차량정비고 : 한국철도공사
지목현황		철도용지, 도로 등
도시관리 계획 현황	대상지	(용도지역) 일반상업지역, 제2종일반주거지역 등
	주변	(용도지역) 서측 : 왕산로변 일반상업지역 대규모 분포 / 동측 : 제2,3종 일반주거지역 분포 (관리계획) 서측 : 청량리 재정비촉진지구 개발사업 추진 / 동측 : 전농·답십리 재정비촉진사업 추진
도시계획시설 현황		철도시설

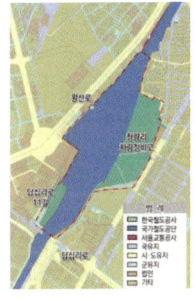
<소유 현황>

<지목 현황>

<도시관리계획 현황>

<도시계획시설 현황>

2) 상위·관련계획 및 주변지역 현황

① 상위관련계획

구 분	연 도	계획내용
청량리역 일대 정비사업	-	• 청량리 재정비촉진지구 내 청량리3,4구역 및 전농구역 등 정비사업 진행 중 • 전농·답십리 재정비촉진지구 내 전농7, 답십리16,18구역 등 대규모 주택재개발사업 완료 • 동부청과시장, 미주아파트, 전농9,11구역 등 다수 구역을 대상으로 정비사업 진행 중

청량리역 일대 중심지 육성을 위한 발전계획	`19년	• 비전 : 청년 바이오 지식클러스터 조성 • 목표 : 광역 철도교통 및 복합환승교통 중심지 육성, 동북권 혁신일자리 및 청년문화 중심지 육성 • 청량리 차량정비고 일대 가용부지를 대상으로 R&D 관련산업 및 대학연계 창업지원공간 제안
청량리역 공간 구조 개선 및 광역환승센터 기본구상 연구	`21년	• 목표 : 수도권 동북부의 광역교통·신성장산업·청년문화 허브조성 • 차량정비고 및 승무원 관사부지를 대상으로 광역복합비즈니스 공간 및 대학 연계 청년공간 등 조성 계획 (차량정비고 : 현재 위치 존치 / 승무원관사 일대 : 창업지원센터, 청년주택등 대학 복합문화공간 조성)

② 주변지역 계획·사업추진 현황

계획 및 사업	추진현황
청량리역 전면부 지구단위계획 (`23.06)	• 면적 : 331,246㎡ • 광역교통중심지인 청량리역의 위상을 제고 시키고, 청량리역~홍릉 바이오연구단지를 연결하는 광역중심 기능을 확보하고자 지구단위계획 구역으로 지정 • 왕산로 전면부 특별계획구역 : 청량리역 연계 문화·상업 복합 개발 거점 조성 • 미주상가 특별계획구역 : 광역환승센터 연계 판매·숙박 등 인구유입시설 도입 • 왕산로 남측 특별계획구역 : 역세권 상업·문화·창업 지원 거점 조성
청량리4 재정비촉진구역 지구단위계획	• 동대문구 전농동 620-51번지 일대 • 면적 : 41,602㎡ • 건폐율 : 60% / 용적률 : 996% / 높이 : 200m 이하 / 1,425세대 • 주용도 : 업무, 판매, 주거, 숙박, 문화 • `23.07. 준공완료
전농 재정비촉진구역 (`22.08)	• 동대문구 전농동 494번지 일대 • 획지1(주거, 판매, 업무, 문화) - 면적 : 18,415㎡ / 건폐율 59% / 용적률 600% / 높이 150m 이하 • 획지2(다일천사병원부지와 대토) - 면적 : 65㎡ / 건폐율 50% / 용적률 250% 이하 • 획지3(종교) - 면적 : 686㎡ / 건폐율 50% / 용적률 250% / 층수 6층 이하 • `27년 완료 예정
신규노선	• GTX-B, GTX-C, 강북횡단선, 면목선 신설 예정

<청량리역 주변지역 현황>

3) 개발추진현황 및 현안이슈

① 철도부지 개발추진현황

- GTX청량리역 광역환승센터 타당성평가 및 기본계획 수립 용역('22.09월 ~'23.09월)
  - 타당성평가 및 예비타당성평가 용역 조사 대응 및 지원, 복합환승센터 개발 기본계획 수립 및 사 업추진전략 마련 등
- 청량리역 랜드마크 조성을 위한 도시전략계획 수립 용역('23.04월)
  - 랜드마크 조성 실현을 위한 주요 도입기능 분석 및 건축구상, 세부 가이드라인 마련 등
- 서울 공간혁신구역 선도지역 후보지 신청('23.06월)
  - 도시계획시설 입체복합구역 대상지로 신청
  - 공식 지정되면 용적률을 기존보다 최대 2배까지 늘려 적용 가능해짐

② 현안이슈
- **(공간단절 및 노후화)** 대규모 지상철도로 인한 중심공간 단절 및 주변지역 노후화
- **(개발의 장기화)** 청량리역 일대로 대규모 철도부지가 분포하고 있으나, 개발 시 데크 화, 기존기능 이전 등 선행절차 필요로 개발 장기화 예상
  - 차량정비고의 경우 이전 시 철도운영의 비효율, 이전 가능한 부지확보의 어려움으로 단기적으로 현재 위치 존치 필요
- **(중심지 기능 미흡)** 고층의 주상복합과 주거위주 개발사업의 집중으로 광역중심지로 서의 역세권 잠재력 활용 미흡

4) 부지별 관리기준

구 분	내 용
역세권 유형	도심·광역중심 유형
역세권 육성방향	광역중심기능 강화, 산학연계를 통한 동북권의 중심CBD육성
토지이용방향	광역적 업무 복합기능 도입(광역철도역사를 중심으로 국제업무, 교류, 문화, 중심상업 등)
도입기능(주용도)	업무(지식산업센터 포함, 오피스텔 제외), 숙박, 문화/집회, 판매
용도지역	일반상업지역 이내
공공기여 유형	(광역단위 교류중심지 형성을 위한) 오픈스페이스, 시민공간 조성, 문화·교류, 공공업무 시설 유도
개발여건 평가	일반관리 (*장기적 사업추진 예정부지)
공간관리 가이드라인 (주변지역 연계방안)	(공간연결) 철도부지 양측으로 단절된 동~서 지역을 상호 연결하는 데크공간 및 연결도 로 조성
	(오픈스페이스 및 네트워크 연결) 역사전면 광장을 비롯하여 후면부 역세권 전체를 연결하는 보행 및 오픈스페이스 네트워크 구축
	(활성화가로 조성) 왕산로변 도심활력가로 조성 및 서울시립대로변 대학·문화 활성화가로 조성
	(상업·업무기능 확충) 역사 주변 주거중심의 개발사업들(전농재정비촉진구역, 주택재개발 정비구역 등)로 인해 부족한 상업·업무기능 확충

사업추진 관련	(종합적이고 체계적인 계획 수립) • 부지개발을 위한 마스터플랜 수립 후 마스터플랜에 따라 필요 시 세부 사업지구 분할 및 단계별 부지개발 절차 진행 • 차량정비고, 승무원관사 등 차량사업소 부지는 이전이 어려울 경우 관련시설을 부지내 통합·축소 후 단계적 개발 추진 (권장 사업방식) • 철도시설(선로 및 철도역사)은 도시계획시설결정을 통해 관리 • 역외부지(승무원관사부지 등)는 도시계획시설 해제를 통해 개발의 자율성 부여

08. 왕십리역

1) 부지개요 및 현황
① 부지개요

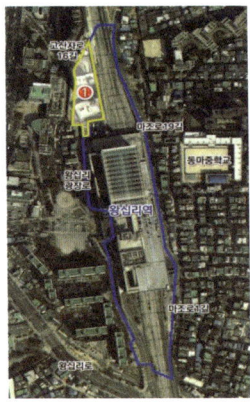

위치 현황

구분		내용
위치/면적		성동구 행당동 168-151번지 일대 / 약 55,700㎡
범위·경계 설정		
원칙		청량리·왕십리 광역중심 범역 내 개발완료된 민자복합 역사를 포함하는 철도 및 도로 경계를 부지경계로 설정
기준	동측	마조로19길 및 마조로1길 경계
	서측	왕십리광장로를 포함하는 도시계획시설상 철도 서측 경계
	남측	왕십리로 경계
	북측	고산자로16길 경계

기관제출 부지 현황

연번	제출기관	제출부지	위치/면적
①	철도공사	왕십리역 소화물 취급소	성동구 행당동 387번지 일대/ 약 5,700㎡

② 입지여건 및 위상
- **(위치)** 청량리·왕십리 광역중심 범역 내 위치한 중심역세권
- **(철도교통)** 2호선, 5호선, 경의중앙선, 수의분당선이 교차 / GTX-C, 동북선 신설 예정
- **(위상)** 주변으로 공공시설과 문화시설이 집적된 동북부의 생활·문화 중심지

③ 주요 현황

구 분		내 용
소유현황		국가철도공단
지목현황		철도용지, 도로 등
도시관리 계획 현황	대상지	(용도지역) 제3종일반주거지역
	주변	(용도지역) 동측 : 제2종일반주거지역 서측 : 제3종일반주거지역, 일반상업지역 등 (도시관리계획) 동측 : 한양대학교 주변지역 지구단위계획구역 서측 : 왕십리 광역중심 지구단위계획구역
도시계획시설 현황		철도

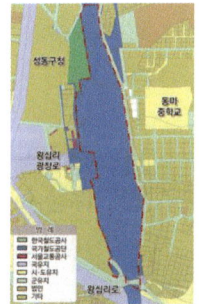
<소유 현황>

<지목 현황>

<도시관리계획 현황>

<도시계획시설 현황>

2) 상위·관련계획 및 주변지역 현황

① 상위관련계획

구 분	연 도	계 획 내 용
왕십리역 철도 유휴부지 지구 단위계획	`20.06월 (개발완료)	• 왕십리역 소화물취급소 부지의 도시계획시설 변경 및 민간임대주택 건립을 위한 지구단위계획 수립 • 용적률 : 기준 210%, 허용 280% / 최고높이 : 67m이하
생활권계획	`18년	• 공공기관 활용 및 명소화계획 수립으로 문화중심지 육성 • 한양대 일원 상업시설 밀집지역에 특확계획수립 • 낙후된 상업시설 정비, 특별계획구역 조정, 이면부 정비/용도 전환,도로확폭 및 가로환경개선 등 활성화 방안 강구

② 주변지역 계획·사업추진 현황

계획 및 사업	추진현황
왕십리 광역중심 지구단위계획 재정비	• 면적 : 218,000㎡ • 왕십리 광역중심 지구단위계획 재정비 용역 착수(`21.04월) - 중심기능 입지강화, 소월아트홀 증축, 지역환경 개선 등
한양대학교 주변지역 지구단위계획	• 면적 : 95,079㎡ - 한양대학교 주변지역 지구단위계획 재정비 완료(`17.11월) - 가로활성화를 위한 주거복합 건축구역 확대 - 한양시장 특별계획구역을 제외한 모든 특별계획구역 폐지하고 특별계획가 능구역 신설하여 기부채납 되는 공간을 청년창업, 연구·업무 활동을 위한 프로그램 공간으로 제공
행당7주택재개발정비구역	• 면적 : 49,018㎡ • 건폐율 25% / 용적률 280.71% / 35층 / 7개동, 958세대 • `19.08월 관리처분인가 / `21년 착공
신규노선	• GTX-C, 동북선 신설예정

<왕십리역 주변지역 현황>

3) 개발추진현황 및 현안이슈

① 철도부지 개발추진현황

- 별도의 개발추진현황 없음

② 현안이슈

- **(보행단절)** 철도부지 동~서간의 보행네트워크 부족
- **(전면부와 후면부의 불균형)** 역사 후면부 지역 방음벽 설치 및 경사로 입지로 인한 보행환경 저하, 오픈스페이스의 부족
- **(중심지 기능 미흡)** 주거 위주의 개발사업의 집중으로 인해 광역중심지로서의 역세권 잠재력 활용 미흡

4) 부지별 관리기준

구 분	내 용
역세권 유형	도심·광역중심 유형
역세권 육성방향	광역중심기능 강화를 통한 스마트 비즈니스 거점 조성
토지이용방향	광역적 업무 복합기능 도입(광역철도역사를 중심으로 국제업무, 교류, 문화, 중심상업 등)
도입기능(주용도)	업무(지식산업센터 포함, 오피스텔 제외), 숙박, 문화/집회, 판매
용도지역	일반상업지역 이내
공공기여 유형	(광역단위 교류중심지 형성을 위한) 오픈스페이스, 시민공간 조성, 문화·교류, 공공업무 시설 유도
개발여건 평가	일반관리 (*장기적 사업추진 예정부지 및 사업미제안 부지)
공간관리 가이드라인 (주변지역 연계방안)	(보행네트워크 연결) 철도부지 양측으로 단절된 동~서 지역 보행네트워크를 상호 연결하는 데크공간 및 연결브릿지 확충
	(오픈스페이스 확충) 역사 후면부에 부족한 오픈스페이스를 확충하여 보행환경을 개선시키고 전면부와의 균형 있는 개발 추진
	(청년시설 기능 도입) 인근에 위치한 대학가(한양대학교)와 연계한 청년문화·지원시설 도입을 통해 역사 활성화 도모

사업추진 관련	(종합적이고 체계적인 계획 수립) 부지개발을 위한 마스터플랜 수립 후 마스터플랜에 따라 필요 시 세부 사업지구 분할 및 단계별 부지개발 절차 진행 (권장 사업방식) 향후 철도지하화 추진 시 철도시설(선로 및 철도역사)은 도시계획시설결정을 통해 관리 철도 상부공간은 비도시계획시설의 공간적 범위결정을 통해 입체적 공간 활용 도모 철도부지 주변 유휴부지는 도시계획시설 해제를 통해 개발의 자율성 부여

09. 창동역

1) 부지개요 및 현황

① 부지개요

위치 현황

구분		내용
위치/면적		도봉구 창동 135-1번지 일대 / 약 67,500㎡
범위·경계 설정		
원칙		창동·상계 광역중심 범역 내 창동민자역사 사업 범위를 포함 하는 도시계획시설상 창동역(경원선)경계를 부지경계로 설정
기준	동측	환승주차장 부지 경계
	서측	철도부지와 인접한 민간부지 경계(일부 개발가능유보지 포함)
	남측	도시계획시설상 창동역사 경계
	북측	도시계획시설상 창동역사 경계

② 입지여건 및 위상

- **(입지)** 창동·상계 광역중심 내 위치한 중심역세권
- **(철도교통)** 1호선(경원선), 4호선 환승 / GTX-C 신설 예정
- **(위상)** 다양한 사업추진에 따라 수도권 동북부의 광역적 중심공간으로써 위상 증대
  - 창동·상계 경제기반형 도시재생활성화사업 추진 중
  - 창동역 인접 환승주차장부지를 대상으로 동북권 창업센터 건립, 동북권 50+캠퍼스 건립, 공공문화시설 건립, 창업/문화산업단지 조성, 복합환승센터 개발사업 등 진행 중

③ 주요 현황

구 분		내 용
소유현황		국가철도공단 / 남측 역사주변부지 : 한국철도공사, 국유지
지목현황		철도용지, 도로
도시관리 계획 현황	대상지	(용도지역) 제2종일반주거지역, 준공업지역, 자연녹지지역
	주변	(용도지역) 서측 : 제3종일반주거지역(아파트단지) / 동측 : 일반상업지역 (환승주차장부지)
도시계획시설 현황		철도시설

<소유 현황> <지목 현황> <도시관리계획 현황> <도시계획시설 현황>

2) 상위·관련계획 및 주변지역 현황

① 상위관련계획

구 분	연 도	계획 내용
창동복합역사 개발	~`25년	• 규모 : 지하2층 / 지상10층 • 건축면적 : 26,360㎡(59.15%), 연면적 : 87,047㎡(120.7%) • 주요용도 : 판매(51%), 주차(26%), 역무시설(8%) 등
창동·창계 경제 기반형 도시재 생활성화계획	-	• 세대융합형 창업복합시설, 공공문화시설(로봇박물관, 사진박물관), 복합환승센터, 창업 및 문화산업단지, 서울아레나를 비롯하여 바이오, 의료단지, 혁신기업 입주공간 등 계획

② 주변지역 계획·사업추진 현황

계획 및 사업	추진현황
서울창동 도시개발구역	• 씨드큐브 창동 준공(`23.07) - 연면적 : 143,533㎡ / 지하7층, 지상49층 - 주거용 오피스텔 792호, 업무시설, 상업시설 등 • 복합환승센터 - 창동역, 창업·문화산업단지, 서울 아레나 등을 연계하는 지하8층, 지상33층 규모의 복합환승센터(임대주택, 업무시설, 상업시설, 환승주차장을 복합) - `19년 '창동역 복합환승센터 사업화 기본구상 및 실행전략 수립 용역' 발주
신규노선	• GTX-C 신설예정

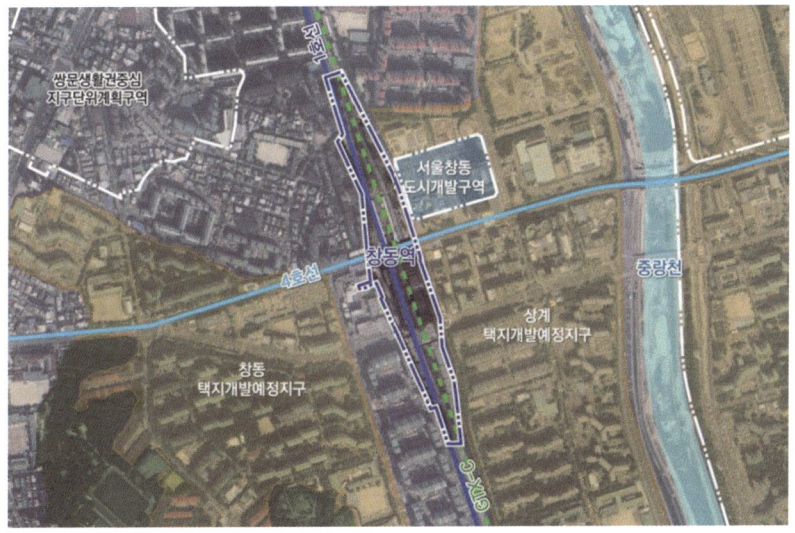

<창동역 주변지역 현황>

3) 개발추진현황 및 현안이슈

① 철도부지 개발추진현황

• 창동 민자역사 개발(`22.08월 착공, `26.03월 준공 목표)

- 대지면적 : 44,567㎡ / 연면적 : 87,052㎡ / 지하2층, 지상 10층 규모의 복합 쇼핑타운
- 용도 : 판매시설, 문화 및 집회시설, 운수시설 등
- 시공사 : 롯데건설

<창동역 민자역사 공사모습>

<창동역 민자역사 조감도>

② 현안이슈

- **(공간단절)** 철도부지 양측을 비롯하여 사면으로 도로 및 보행단절 심화
- **(도시환경 저하)** 도시공간 연접부에 방음벽 설치, 장기간 공사중단 등에 따라 주변지 역의 도시환경 저하문제 심화

<철도부지 동측 마들로13길변 방음벽 현황>

<철도부지 서측 노해로63가길변 방음벽 현황>

4) 부지별 관리기준

구 분	내 용
역세권 유형	도심·광역중심 유형
역세권 육성방향	창동 복합역사 개발 및 창동차량기지 연계, 창동·상계 신경제중심지 육성
토지이용방향	광역적 업무 복합기능 도입(광역철도역사를 중심으로 국제업무, 교류, 문화, 중심상업 등)
도입기능(주용도)	업무(지식산업센터 포함, 오피스텔 제외), 숙박, 문화/집회, 판매
용도지역	일반상업지역 이내
공공기여 유형	(광역단위 교류중지 형성을 위한) 오픈스페이스, 시민공간 조성, 문화·교류, 공공업무 시설 유도
개발여건 평가	중점관리 (*사업이 진행 중인 부지)
공간관리 가이드라인 (주변지역 연계방안)	(주변과의 보행연결) 철도역사부지와 주변지역 간 도로 및 보행연결성 강화(주변으로 입 지 예정인 창업복합시설, 복합환승센터와 입체적 보행연결통로 조성 검토)
	(가로활성화용도 도입) 창동복합역사 개발 시 철도부지 연접부를 대상으로 보행공간 확보 및 저층부 가로활성화 용도 도입
사업추진 관련	(종합적이고 체계적인 계획 수립) 부지개발을 위한 마스터플랜 수립 후 마스터플랜에 따라 필요 시 세부 사업지구 분할 및 단계별 부지개발 절차 진행 (권장 사업방식) 철도시설(선로 및 철도역사)은 도시계획시설결정을 통해 관리

Special Bonus 2
부록

수도권
광역철도 계획

	구간	노선연장	총 사업비	계획
GTX-A	운정역-통탄역	82.1km	5조 6603억원	2028년 전 구간 개통
GTX-B	인천대입구역-마석역	82.8km	6조 4405억원	2030년 개통
GTX-C	덕장역-수원역	86.46km	4조 6084억원	2028년 개통
8호선 별내선	암사역-별내역	12.9km	1조 2806억원	2024년 개통
서해선	홍성-송산	90.1km	4조 842억원	2024년 개통
신안산선	시흥역-여의도역	44.9km	4조 3055억원	2025년 개통
서해선	송산-원시역	44km	4조 3055억원	2025년 개통
서해선	운정역-일산역	5.3km	115억원	2026년 개통
7호선 도봉산-옥정	도봉산역-옥정중앙역	15.3km	7141억원	2026년 개통
동탄인덕원선	인덕원역-동탄역	34.3km	2조 6246억원	2028년 개통
월곶-판교선	월곶역-판교역	39.8km	2조 9247억원	2028년 개통
신분당선 광교-호매실	광교중앙역-호매실역	10.1km	1조 916억원	2029년 개통
7호선 옥정-포천	옥정중앙역-포천역	17.1km	1조 4874억원	2030년 개통
대장홍대선	대장역-홍대입구역	20.1km	2조 1147억원	2031년 개통
9호선 강동하남남양주선	샘터공원역-풍양역	17.6km	2조 8420억원	2031년 개통
고양-은평선	고양시청역-새절역	13.9km	1조 4100억원	2031년 개통
3호선 송파-하남선	오금역-하남시청역	11.7km	1조 3921억원	2032년 개통
서부권 광역급행철도	장기역-부천 종합운동장역	21.1km	2조 2475억원	2024년 사업 추진 확정
신분당선 용산~강남	용산역-강남역	7.8km	1조 6470억원	사업 추진

참고자료

<제1장. 지상철도 지하화와 함께 시작되는 철도 호재>

1. 국토연구원, 도로정책 Brief 2023.07, No158, 교통혼잡 해소의 새로운 해법 '지하고속도로'
2. 내 손안에 서울 2024.02.26., https://mediahub.seoul.go.kr/archives/2010397
3. 국가법령정보센터, 철도지하화 및 철도부지 통합개발에 관한 특별법, https://www.law.go.kr/LSW/lsInfoP.do?lsiSeq=259587&lsId=&efYd=20250131&chrClsCd=010202&urlMode=lsEfInfoR&viewCls=lsRvsDocInfoR&ancYnChk=0#
4. 국토교통부, 24.05.08(조간), 철도지하화 통합개발 시동 건다, 지자체 사업 제안 가인드라인(안) 공개
5. 연합뉴스 2024.03.20. "경부선 지하화, 정부 선도사업 지정해야"... 수도권 지자체 건의, https://www.yna.co.kr/view/AKR20240320074200061
6. 내 손안에 서울, 2021.03.29., 서울역 북구역세권에 최고 40층 컨벤션 복합단지 들어선다. https://mediahub.seoul.go.kr/archives/2001100
7. 수도권 신도시 내 도시철도 개통에 따른 주택가격 변화, 최필성, 현동우, J. Real Estate Anal. 2022; 8(1):109-125, https://doi.org/10.30902/jrea.2022.8.1.109
8. 경기도청, GTX 현황 | 교통·건설·환경 | 분야별 정보, https://www.gg.go.kr/contents/contents.do?ciIdx=497&menuId=1850
9. 국토교통부, 경량전철 개념 정책정보 상세보기, 2010.11.24., https://www.molit.go.kr/USR/policyData/m_34681/dtl?id=425
10. 국토교통부,보도자료, 2022.12.30., GTX-A 삼성~동탄 구간 터널 관통 빠르고 편리한 교통혁신에 한걸음 다가섰다.
11. 내 손안의 서울, 2024.03.19. 드디어 GTX-A30일 첫 개통! 달라지는 수서

역과 이용방법은?

12. 철도경제신문, 2020.03.20. GTX-A 투입 180km/h급 차량…현대로템 '수주신고식', https://www.redaily.co.kr/news/articleView.html?idxno=181

13. 대한민국 정책브리핑, 2024.04.04. GTX 새로운 교통혁명을 이끌다

14. GTX개통 및 기대효과, 이호, 월간 교통 2024.03. vol 313

15. 수도권 광역급행철도 신설이 역세권 지가변동에 미치는 영향, 박채원, 권영상, 2023, 대한국토·도시계획학회지「국토계획」, 제58권, 제4호 pp87-100

16. 뉴스1, 2024.01.25., 수도권 30분대 출퇴근 '2기 GTX'본격화, https://www.news1.kr/realestate/construction/5301115

17. 뉴시스, 2024.01.26., "우리 동네 GTX 지난다"…교통 호재에 부동산 '들썩' https://www.newsis.com/view/NISX20240125_0002604932

18. 국토교통부, 2024.01.25.,「교통 분야 3대 혁신 전략」

19. 매일경제 2024.02.02., 수도권 출퇴근 30분…GTX는 황금열쇠?, https://www.mk.co.kr/economy/view.php?sc=50000001&year=2024&no=87029

20. K-공감, 2024.05.23., 전국 GTX시대로! 교통지도가 바뀌면 미래가 바뀐다., https://gonggam.korea.kr/newsContentView.es?mid=a10222000000&section_id=NCCD_COVER&content=NC002&code_cd=0119000000&news_id=f57d1825-2ee6-409e-98c0-fa4c7c067e9f

21. 국토교통부, 2022.10.07., GTX-B 민자·재정구간 '24년 상반기 동시 조기 착공

22. 국토교통부, 2024.01.26., GTX-C, '28년말 개통 목표로 첫 삽 뜬다.

<제2장. 앞으로 10년간 10배 오를 수밖에 없는 지상철도 지하화 호재>

1. 국가법령정보센터, 2024.01.30. 제정, 철도지하화 및 철도부지 통합개발에 관한 특별법, https://www.law.go.kr/LSW/lsInfoP.do?lsiSeq=259587&lsId=&efYd=20250131&chrClsCd=010202&urlMode=lsEfInfoR&viewCls=lsRvsDocInfoR&ancYnChk=0#

2. 한국철도학회, 공유주, 원기정, 2015, 철도역사 유형화에 관한 연구,

3. 의회신문, 2023.11.15., 권영세 의원, 철도 지하 화 및 철도 부지 통합 개발에 관한 특별 법안 대표발의, https://www.icouncil.kr/news/articleView.html?idxno=52030

4. 국토교통부, 보도자료, 2024.05.07., '철도지하화 통합개발'시동 건다, 지자체 사업제안 가이드라인(안)공개

5. 내 손안에 서울, 2021.03.29., 서울역 북부역세권에 최고 40층 컨벤션 복합단지 들어선다., https://mediahub.seoul.go.kr/archives/2001100

6. ㈜한화 건설부문, 2023.12.29., 한화, 서울역 북부역세권 복합개발 건축허가 받아., https://m.hwenc.co.kr/pr/newsroom/view.do?board_id=3487

7. 철도부지 복합개발 가이드라인 수립 2023.12

8. 한국주택경제신문, 2024.03.20., 영등포 1-12구역, 기존 413→ 1182 세대로, https://www.arunews.com/news/articleView.html?idxno=43336

9. 뉴타운사업이란?, 영등포구청, 분야별정보, https://www.ydp.go.kr/www/contents.do?key=3408&

10. 내 손안에 서울, 2024.02.27., 서울 서남권, 준공업지역에서 직주락(職住樂) 미래첨단도시로 혁신., https://mediahub.seoul.go.kr/archives/2010408

11. 머니투데이, 2024.02.28., '오세훈 표' 도시개혁 신호탄... 낙후 공업지역 '서남권' 대개조., https://news.mt.co.kr/mtview.php?no=2024022711032522598

12. 뉴스투데이, 2024.02.28., '한국판 러스트벨트'서울 서남권, 직·주·락 갖춘 '미래 첨단도시'로 탈바꿈., https://www.news2day.co.kr/article/20240227500118

13. 연합뉴스. 2024.02.27., [그래픽] 서울 서남권 대개조 구상 주요내용., https://www.yna.co.kr/view/GYH20240227000700044

<제3장. 앞으로 10년 안에 5배 오를 철도 호재>

1. 이데일리, 2024.03.21., 용적률 1700% '천지개벽' 용산, 이곳을 주목하라., https://m.edaily.co.kr/News/Read?newsId=01348086638828896&mediaCodeNo=257

2. 스마트 서울뷰, 용산국제업무지구 개발계획(안)., https://scpm.seoul.go.kr/seoul-policy/evt0019

3. 서울특별시, 2024.02.05., 용산국제업무지구'25년 착공... 사업부지 100% 녹지 확보한 친환경 수직도시로., https://mayor.seoul.go.kr/oh/seoul/newsView.do?photoGallerySn=2551&curPage=10

4. 머니투데이, 2024.02.05., '사업 실패'겪은 용산국제업무지구, 2010년vs 2024년 다른점?., https://news.mt.co.kr/mtview.php?no=2024020510575669316

5. 철도경제신문, 2024.02.29., [기획]용산역'철도교통허브化., https://www.redaily.co.kr/news/articleView.html?idxno=7408

6. 국토교통부,보도자료., 2022.10.07., GTX-B 민자·재정구간'24년 상반기 동시 조기 착공

7. 국가철도공단, 보도자료 2023.01.17., [보도] GTX-B 재정 구간(용산~상봉) 설계 본격 착수 https://www.kr.or.kr/boardCnts/view.do?boardID=52&boardSeq=1117578

8. 서울 도시재생, 창동상계 신경제중심지 | 동북권 | 서울균형발전포털,

https://uri.seoul.go.kr/web/main/contents/M004-1

9. 서울 도시재생, 서울아레나 복합문화시설 | 동북권 | 서울균형발전포털., https://uri.seoul.go.kr/web/main/contents/M004-2

10. 서울시 50플러스포털,2020.11.27., 서울시, 동북권 세대융합 복합시설'창동 아우르네' 27일 개관., https://50plus.or.kr/detail.do?id=10329965

11. 로봇신문사, 2024.07.15., 서울로봇인공지능과학관, 오는 8월20일 개관한다., http://m.irobotnews.com/news/articleView.html?idxno=35501

12. 매일경제, 2024.02.06., 서울시립미술관, 올 연말 사진미술관 연다., https://www.mk.co.kr/news/culture/10937808

13. 내 손안에 서울, 2024.03.26., 강북 전성시대 열린다! 50년 규제 풀어 신경제도시로 대개조., https://mediahub.seoul.go.kr/archives/2010676

14. 서울특별시, 2023.09.14., 광운대역 물류부지' 동북권 신생활·지역경제 거점으로 재도약

15. 서울특별시, 2024.05.22., 광운대역 물류부지에 HDC현산 본사 이전 적극 추진., https://mayor.seoul.go.kr/oh/seoul/newsView.do?photoGallerySn=2812

16. 수원시, 보도자료, 2024.01.26., GTX-C 노선 착공, 성큼 다가온 '철도특례시 수원'

17. 이투데이., 2024.01.26., GTX-C노선 착공, 성큼 다가온 '철도특례시 수원', https://www.etoday.co.kr/news/view/2325282

18. 뉴스팍, 2024.05.21., 12년 만의 결실… 신분당선 광교~호매실 연장 노선에 '구운역', http://www.newspak.co.kr/mobile/article.html?no=162841

19. 아시아경제, 2024.07.27., 철도망확충에 속도내는 화성시… 동탄인덕원선 11공구도 착공., https://www.asiae.co.kr/article/region/2024072710100597385

20. 국토교통신문, 2024.07.24., 2025년 하반기 수원발 KTX 개통…부산까지

2시간 16분., https://www.itbs1.co.kr/news/articleView.html?idxno=1869

21. 대한민국 정책브리핑, 2022.07.01., 서울-광명 KTX 5분 빨라진다…'전용선 지하 신설'예타 통과., https://www.korea.kr/news/policyNewsView.do?newsId=148903068&pageIndex=171#policyNews
22. 국토교통부,보도참고자료., 2022.06.30., 수색~광명 고속철도·부산도시철도(하단~녹산선) 건설사업, 중앙고속도로(김해공항~대동 구간) 확장사업 30일 예비타당성조사 통과
23. 국토교통부,보도참고자료., 2023.06.07., 평택~오송 고속철도 2복선화 착공
24. 서울 도시재생, DMC역 복합개발 | 서부권 | 서울균형발전포털., https://uri.seoul.go.kr/web/main/contents/M005-1
25. 철도경제신문, 2022.03.02., [기술기고]지하철 소음·공기질 개선., https://www.redaily.co.kr/news/articleView.html?idxno=2971
26. 토지이음, 2021.08.26., 고시정보., https://www.eum.go.kr/web/gs/gv/gvGosiDet.jsp?seq=513756
27. 한국경제, 2024.03.13., [단독] 13년 만에 드디어…수색·DMC역 개발 탄력 받는다., https://www.hankyung.com/article/202403137759i
28. KBS뉴스, 2024.01.29., GTX-C 인덕원 역 올해 착공…2028년 개통 목표., https://news.kbs.co.kr/news/pc/view/view.do?ncd=7877629
29. 머니투데이, 2024.03.25., 경부선 지하화·GTX-C 인덕원까지…안양시 수도권 철도거점., https://news.mt.co.kr/mtview.php?no=2024032513415689456
30. 이데일리, 2024.03.25., 최대호의 '뚝심', 경부선 지하화·GTX-C 등 안양시 교통대변혁., https://m.edaily.co.kr/news/read?newsId=03299686638826928&mediaCodeNo=257

31. KDI 경제정보센터, 2024.01.30., 철도지하화사업, 특별법만으로는 부족: 사업성 확보가 핵심., https://eiec.kdi.re.kr/policy/domesticView.do?ac=0000184715

32. 경기일보, 2024.03.21., 최대호 안양시장, 월판선 공사현장 찾아 안전 및 적기개통 당부., https://www.kyeonggi.com/article/20240321580126

33. 연합뉴스, 2023.09.06., 안양 인덕원 일대 고밀도·복합 개발 방식 '콤팩트 시티'조성., https://www.yna.co.kr/view/AKR20230906105300061

34. 내 손안에 서울, 2019.09.17., 신안산선 착공, 서울 서남부 교통 이렇게 편리해진다!, https://mediahub.seoul.go.kr/archives/1252540

35. 철도경제신문, 2024.07.16. "신안산선 20개월 이상 개통이 늦어져…", https://www.redaily.co.kr/news/articleView.html?idxno=8284

36. KBS 뉴스, 2024.02.07., [단독]내년 개통 '신안산선' 지하 70m 공사 현장을 가다., https://news.kbs.co.kr/news/pc/view/view.do?ncd=7885798

37. 건설기술신문, 2020.12.04., 내년 국토부 예산 57조 579억, https://www.ctman.kr/21171

38. 뉴시스, 2019.08.22. 안산-여의도 25분내 쏜다…3.3조 투입'신안산선', https://www.newsis.com/view/NISX20190822_0000748204

39. 철도부지 복합개발 가이드라인 수립 2023.12

40. 보도자료, 2019.08.22.,국토교통부, 안산·시흥서 여의도까지 25분, 신안산선 8월말 첫삽

41. 경기도 열린도지사실, 2024.03.19., 도정 포커스, https://governor.gg.go.kr/governor-news/focus/?mod=document&uid=15640

42. 경기도 철도기본계획 수립 기자회견문, 2024.03.19., 열린도지사실., https://governor.gg.go.kr/governor-news/speech/?uid=15637&mod=document&pageid=1

43. 경기도 보도자료, 철도정책과, 2024.03.04., 경기도, KTX 파주 연장 등

'제5차 국가철도망 구축계획'에 12개 신규 사업 건의
44. 경기도 보도자료, 2024.03.15., 공간전략과, 경기도, '서·동부권 SOC 대개발 구상 협의체' 구성. 철도·도로 등 국가계획 반영 총력
45. 경기도 보도자료, 기획예산담당관, 철도정책과, 도로정책과, 2024.03.27., 경기북부 대개발, 경기북부를 잇는 철도와 도로로 시작
46. 경기교통공사, 보도자료, 2024.07.03., 경기교통공사, 철도사업 밑그림 그린다…3일 용역 착수보고회 개최
47. 경기도 보도자료, 노후신도시정비과, 2024.05.22., 성남·고양·안양·군포·부천 등 1기 신도시 재건축 추진 물량 2만 6천호 확정
48. 경기도 보도자료, 노후신도시정비과, 2024.06.21.,도, 노후 원도심 역세권 등 민간 도심 복합개발 위해 시군 사전협의 나서
49. 경기도 보도자료, 토지정보과, 2024.07.05.,경기도, 성남, 고양 등 1기 신도시 선도 예정지구 5곳 17.28㎢, 올 연말까지 토지거래허가구역 지정
50. 행정규칙(훈령·예규·고시), 2023.12.13., 김남우, 인천발 KTX직결사업 실시계획 변경 승인
51. 경기일보, 2023.11.27., 인천 송도역개발사업, 환승·사업시설 단계적 추진, https://www.kyeonggi.com/article/20231127580292

<제4장. 앞으로 5년 안에 부동산 가치의 패러다임이 바뀐다>

1. 한국부동산원, 전국주택가격동향
2. 뉴데일리 경제, 2024.04.15., 3월 서울집값 보합 전환, https://biz.newdaily.co.kr/site/data/html/2024/04/15/2024041500206.html

Special Bonus 3
부록

지금 팔면 평생 후회할
역세권 아파트 101곳

아파트 임장활동

1. 손품

(1) 부동산 시세 조사
- 국토교통부 실거래, KB 부동산 실거래 시세, 호갱노노, 네이버 부동산 등을 통해서 조사 할 수 있다.

(2) 아파트 매매시 고려해야 할 사항
- 나의 현금보유액(   ), 대출가능 금액 (   ), 채무 (   ), 직장위치 (   ), 자녀나이(학교를 옮길 수 없기에) (   ), 친정/시댁과의 거리 (부모님께 자녀를 맡길 수 있으니) (   )를 고려해야 한다.
- 동별 아파트에 대한 리스트 및 평형별 시세 정리하기
- 매매가와 전세가를 통한 갭차이 정리하기
- 비교사례분석: 각 동별 대장 아파트끼리 비교하여 해당 지역구의 대장 아파트와 비교하기
- 과거사례분석: 각 동별 대장 아파트와 과거 10년 간의 매매 전세 사례 및 시세 확인
- 주변 학군과 일자리 확인: 국가통계 포털 이용

(3) 미래가치 및 개발 호재 조사: 국토자료 (정책) 읽는 곳
- 국토교통부: 제 4차 국가철도망계획 구축계획, 보도자료, 국토연구원
- 행정안전부: 관계부처 합동회의에 대한 보도자료
- 서울특별시: 보도자료, 서울연구원
- 경기도: 경기도청 보도자료, 경기도부동산 포털
- 각 지방단체별 보도자료, 시 부동산 포털, 네이버 또는 구글에 검색

2. 발품

(1) 임장을 가서 배울 수 있는 것은 여러 가지이다. 한 번 만에 모든 조사가 만족되는 것은 아니다. 부동산 중개사무소를 발품과정에서 매번 들린다

면 해당 아파트의 가격은 오르게 된다. 그 이유는 부동산 중개사무소는 매도자 우선이기 때문이다.

(2) 주변의 상권 분석: 교통 여건, 역세권, 상권, 거주 환경 파악

(3) 부동산 중개사무소에 물어볼 수 있는 체크리스트
- 동네입지, 직장 이동시 교통편, 주된 유출입지역지, 투자자 유입 또는 거래 분위기
- 로얄동의 위치와 장단점, 주변의 분양 단지 여부, 재건축 또는 재개발 단지 여부
- 잔금가능일, 전세 만기일, 확장 및 수리 여부, 임차인 성향, 매도 이유

미래가치 아파트 찾는 요령

1. 개발 호재가 있는 미래가치를 품고 있는 아파트
아파트의 경우, 신규 역세권에 편입되거나 도심과의 접근성을 생각할 수 있는 교통호재, 아파트의 노후화로 인한 재건축, 주변 지역의 대형개발사업(예: 영동대로 지구단위 계획의 업무 및 상업시설, GTX, 신규철도노선) 또는 재개발사업에 따른 이주자로 인해 지가상승의 혜택을 볼 수 있는 개발 호재를 봐야 한다.

2. 교육환경이 최상위 아파트
우리나라는 교육열이 상당히 높은 나라이다. 그래서 대부분의 부모들이 자녀의 취학(초등학교 6학년 이후) 후에는 쉽게 거주지를 이동하지 않는 경향이 있다. 이로 인해 교육여건이 좋은 지역일수록 학력수준과 학령수준이 높아지면서, 대기수요의 증가로 인한 부동산 가치의 상승으로 이어진다. 대표적으로 교육주거환경이 우수한 지역은 강남 대치동, 양천구 목동, 노원구 중계동, 분당의 서현동·수내동, 일산의 마두동 등 이다. 이곳들은 교육환경

이 뛰어난 지역으로 명문학군과 유수의 학원가 등의 교육 인프라가 좋은 곳이다.

3. 직주락을 갖춘 아파트

대형 병원, 도서관, 쇼핑몰, 백화점 등의 편의시설이 근접거리에 있어 거주자들이 쉽게 이용할 수 있어야 한다.

우리가 바라보는 최상의 주거환경과 투자입지는 수요자들이 심리적 가치요인이 반영된 거주가치가 있는 선호 지역과 거주가치가 떨어지는 비선호 지역으로 양극화가 되어있다.

앞으로 최적의 가치투자란? 도시의 가장 중요한 조건으로 현재 발표된 서울시 대개조 1탄으로 언급 된 것처럼 직주락((職任梨) Work/Life/Play, 접근성)이다. 직주락은 근거리에서 일(Work)하고, 거주(Live)하고, 즐길(Play) 수 있는 도시를 말한다. 그곳이 여러분들의 투자처가 되어야 한다.

나만의 임장지도를 만들어보세요

탈무드의 이야기에 '자녀에게 고기를 잡아주면 한 끼 밖에 먹지 못하지만 고기 잡는 법을 알려주면 평생을 먹고 살 수 있다.'라는 말이 있다.

  필자는 본 별책 부록에 아파트 단지에 대한 상세 설명하는 것보다, 독자 스스로가 해당 아파트에 대한 정보를 찾아보고 작성해보는 것이 유익할 것으로 생각하여 임장 체크리스트 예시와 임장 체크리스트를 아파트 지도 하단에 첨부하였다.

  처음에는 혼자 방대한 자료를 조사하고 작성하기에는 시간이 없다, 힘이 든다 등 마음의 소리가 나올 것이다. 그러나 자료를 찾고 해당 자료에서 필요한 부분을 적고 정리를 하면서 스스로가 부동산에 대한 호재를 읽을 수 있는 눈을 키우거나 저평가된 아파트를 찾을 수 있는 능력을 키울 수 있을 것이다.

  예시로 잠실주공 5단지에 대한 임장 체크리스트를 작성해두었다. 본 부록에는 역세권 101개 아파트가 있으니, 총 101개 아파트에 대한 나만의 임장지도를 만들어보면 좋겠다. 분명 여러분들의 부동산 투자에 귀중한 자산이 될 것이다.

  추가로 아래의 QR 코드를 스캔하면 카카오톡 채팅방에 입장할 수 있으며, 매일 귀중한 부동산 정책 자료와 임장 체크리스트 등 자료를 받을 수 있다.

QR 코드를 스캔하여
카카오톡 채팅방에 입장해보세요!

(예시) 임장 체크리스트

노선	이름	입주	세대	용적률(%)	건폐율(%)	평균평단가(만원)
잠실역(2호선, 8호선)	잠실주공5단지	1978	3,930	138		7807.0

임장 체크리스트				
역세권	더블 ■ 트리플 □		초품아 ■ 학원가 ■ 몰세권 ■ 편의시설 (시그니엘, 올림픽공원)	
	거리: 초역세권			
평형대	34, 35, 36	대지지분	23평 25평	초등학교와의 거리: 초품아
				전고점대비: 94.5 % 전세가: 5억
지하주차장 E/V O □ X ■				대로변 ■ 이면도로 □
방향(채광중심): 남향				혐오시설: 없음
5 km이내 주된 산업군 (삼성역, 시그니엘, 강남,)				
미래가치 및 개발호재 : 재건축시 송파구 1위 아파트, 신통기획 확정 (70층), 잠실 스포츠 MICE (기업회의·컨벤션·전시·관광) 복합공간 조성사업, 한강조망권 잠실: 도심항공교통(UAM) 개발, 수상택시 노선				
기타: 재건축시 송파구 최고의 입지 아파트가 됨. 삼성역 MICE 계획과 한국최고층인 롯데 시그니엘과 종합운동장 새로운 재단장을 품고 있는 최상의 가치투자가 될 수 있는 아파트이다. 만약 재건축 진행이 빠르게 진행되면 2030년 부동산 가치 평당 1억 7천까지 바라본다.				

임장 체크리스트			
역세권	더블 ☐ 트리플 ☐		초품아 ☐ 학원가 ☐ 몰세권 ☐
	거리:		편의시설 ( )
평형대		대지지분	초등학교와의 거리:
			전고점대비: 전세가:
지하주차장 E/V O ☐ X ☐			대로변 ☐ 이면도로 ☐
방향(채광중심):			혐오시설: 없음
5 km이내 주된 산업군 :			

임장 체크리스트			
역세권	더블 ☐ 트리플 ☐		초품아 ☐ 학원가 ☐ 몰세권 ☐
	거리:		편의시설 ( )
평형대		대지지분	초등학교와의 거리:
			전고점대비: 전세가:
지하주차장 E/V O ☐ X ☐			대로변 ☐ 이면도로 ☐
방향(채광중심):			혐오시설: 없음
5 km이내 주된 산업군 :			

임장 체크리스트			
역세권	더블 □ 트리플 □		초품아 □ 학원가 □ 몰세권 □ 편의시설 ( )
^^	거리:		^^
평형대		대지지분	초등학교와의 거리:
^^		^^	전고점대비: 전세가:
지하주차장 E/V O □ X □			대로변 □ 이면도로 □
방향(채광중심):			혐오시설: 없음
5 km이내 주된 산업군 :			

임장 체크리스트			
역세권	더블 □ 트리플 □		초품아 □ 학원가 □ 몰세권 □ 편의시설 ( )
^^	거리:		^^
평형대		대지지분	초등학교와의 거리:
^^		^^	전고점대비: 전세가:
지하주차장 E/V O □ X □			대로변 □ 이면도로 □
방향(채광중심):			혐오시설: 없음
5 km이내 주된 산업군 :			

지금 팔면 평생 후회할 역세권 아파트 101곳

[자료 출처]
- 평균평단가 기준: 2024-07-24 KB부동산
- 아파트명: KB부동산

	노선	이름	입주	세대	용적률 (%)	건폐율 (%)	평균 평단가 (만원)
1	가양역(9호선)	가양우성	1990	414	263	30	2787.2

	노선	이름	입주	세대	용적률(%)	건폐율(%)	평균 평단가(만원)
2	경기광주역(경강선)	광주역 자연앤자이	2021	1031	199	13	2315.5

	노선	이름	입주	세대	용적률 (%)	건폐율 (%)	평균 평단가 (만원)
3	고덕역(5호선), 9호선연장	한양	1986	540	175	15	3701.0
4	고덕역(5호선), 9호선연장	고덕현대	1986	524	180	13	3305.8

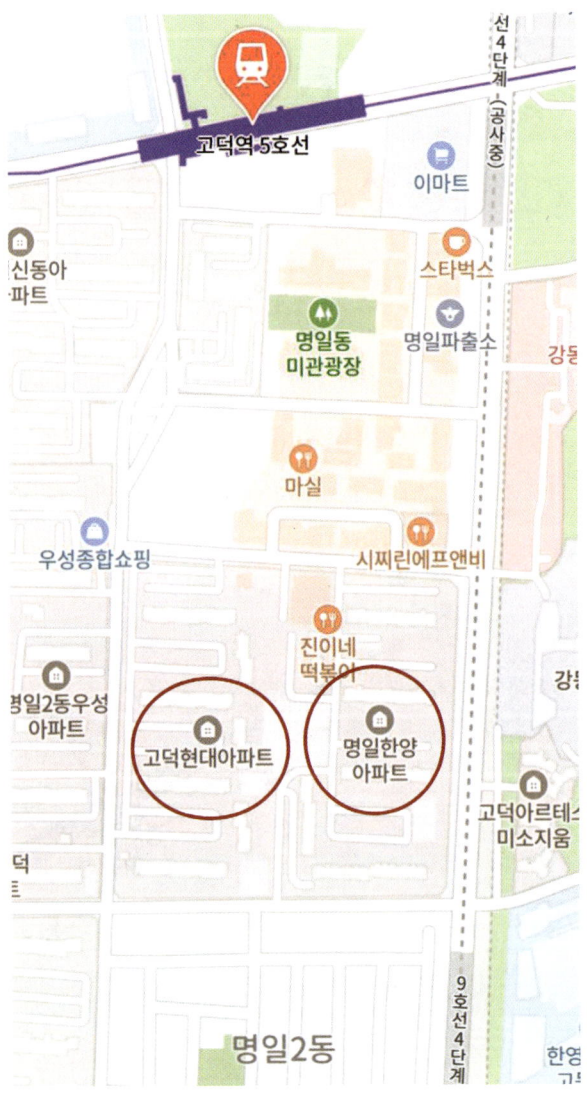

	노선	이름	입주	세대	용적률 (%)	건폐율 (%)	평균 평단가 (만원)
5	공덕역(5,6호선)	롯데캐슬 프레지던트	2009	114	1030	40	3022.8
6	공덕역(5,6호선), 대흥역 (6호선)	마포태영	1999	1992	344	22	4382.4

	노선	이름	입주	세대	용적률 (%)	건폐율 (%)	평균 평단가 (만원)
7	관악역(1호선)	안양삼성	1994	366	250	15	1561.1

	노선	이름	입주	세대	용적률 (%)	건폐율 (%)	평균 평단가 (만원)
8	광명역(1호선, KTX역)	광명역 센트럴자이	2018	1005	349	23	3405.5

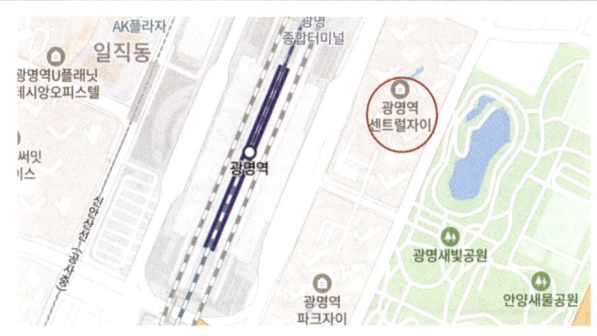

	노선	이름	입주	세대	용적률 (%)	건폐율 (%)	평균 평단가 (만원)
9	광운대역(1호선, GTX-C, 경춘)	월계삼창	1985	296	192	19	2060.7
10	광운대역(1호선, GTX-C, 경춘)	장은하이빌	2002	105	301	24	2099.6
11	광운대역(1호선, GTX-C, 경춘)	미성,미륭, 삼호3차	1986	3930	131	12	3122.1

	노선	이름	입주	세대	용적률 (%)	건폐율 (%)	평균 평단가 (만원)
12	구로역 (1호선 GTX-B)	현대연예인	1989	735	234	19	2074.2

	노선	이름	입주	세대	용적률 (%)	건폐율 (%)	평균 평단가 (만원)
13	구리역 (경의중앙), 별내선공사	구리행복마을 인창주공 4단지	1996	1408	189	15	2134.1

	노선	이름	입주	세대	용적률 (%)	건폐율 (%)	평균 평단가 (만원)
14	금정역(1,4호선 GTX-C)	힐스테이트 금정역	2022	843	569	61	3044.8
15	금정역(1,4호선 GTX-C)	동백우성 13단지	1993	624	216	16	1451.2
16	금정역(1,4호선 GTX-C)	개나리주공	1995	1778	200	12	1539.3
17	금정역(1,4호선 GTX-C)	백합(LG)	1993	536	219	15	1707.5
18	금정역(1,4호선 GTX-C)	산본매화주공 14단지	1995	507	148	13	1689.4

	노선	이름	입주	세대	용적률 (%)	건폐율 (%)	평균 평단가 (만원)
19	노원역(4,7호선), 창동역 (1,4호선, GTX-C노선)	상계주공 3단지	1987	2213	178	15	2768.6
20	노원역(4,7호선), 창동역 (1,4호선, GTX-C노선)	상계주공 7단지	1988	2634	196	13	2837.5

	노선	이름	입주	세대	용적률 (%)	건폐율 (%)	평균 평단가 (만원)
21	다산역 (별내선)	다산e편한 세상자이	2018	1685	219	14	2442.8

	노선	이름	입주	세대	용적률 (%)	건폐율 (%)	평균 평단가 (만원)
22	당산역 (2, 9호선)	당산삼성 래미안 4차	2003	1391	299	18	3980.9
23	당산역 (2, 9호선)	유원 제일 2차	1984	410	199	15	4338.8

	노선	이름	입주	세대	용적률 (%)	건폐율 (%)	평균 평단가 (만원)
24	대곡역 (3호선, 경의중앙, 서해선,GTX-A)	대곡역 두산위브 1단지	2023	493	256	15	2693.6

	노선	이름	입주	세대	용적률 (%)	건폐율 (%)	평균 평단가 (만원)
25	덕정역 (1호선)	양주서희 스타힐스	2014	821	221	19	1146.6

	노선	이름	입주	세대	용적률(%)	건폐율(%)	평균 평단가(만원)
26	동묘역앞(1,6호선), 신설동역(1,2호선 우이신설선)	롯데캐슬 베네치아	2008	1870	557	55	2995.9

27	노선	이름	입주	세대	용적률 (%)	건폐율 (%)	평균 평단가 (만원)
27	동천역 (신분당선)	동천 디이스트	2007	1334	279	15	2540.6

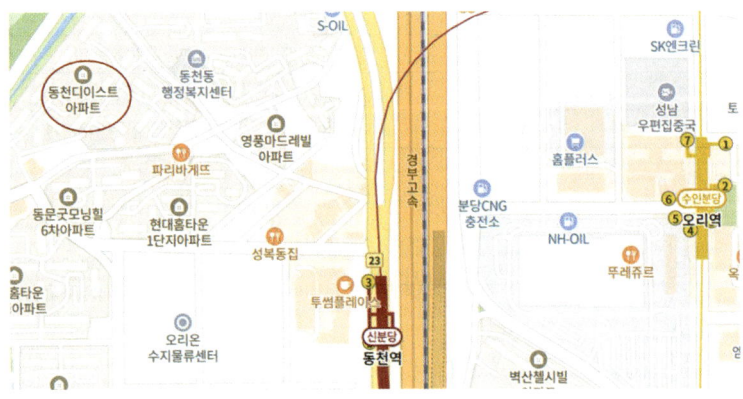

	노선	이름	입주	세대	용적률 (%)	건폐율 (%)	평균 평단가 (만원)
28	동춘역 (인천1호선)	한양1차	1994	1020	210	13	1128.2

	노선	이름	입주	세대	용적률 (%)	건폐율 (%)	평균 평단가 (만원)
29	마곡나루역 (9호선,공항철도)	마곡엠밸리 7단지	2014	1004	238	28	3924.2

	노선	이름	입주	세대	용적률 (%)	건폐율 (%)	평균 평단가 (만원)
30	마두역 (3호선)	강촌마을 (라이프)	1992	1558	163	14	1999.2

	노선	이름	입주	세대	용적률 (%)	건폐율 (%)	평균 평단가 (만원)
31	망우역(경의중앙, 경춘선,GTX-B),상봉역(7호선)	상봉 프레미어스 엠코	2013	497	602	58	2452.7

	노선	이름	입주	세대	용적률(%)	건폐율(%)	평균 평단가(만원)
32	매탄권선역 (수인분당선)	매탄임광	1990	1320	232	19	1391.0

	노선	이름	입주	세대	용적률 (%)	건폐율 (%)	평균 평단가 (만원)
33	목동역 (5호선)	목동신시가지 (7단지)	1986	2550	125	11	6667.3

	노선	이름	입주	세대	용적률 (%)	건폐율 (%)	평균 평단가 (만원)
34	미금역 (수인분당, 신분당)	청솔마을성원 7단지	1994	454	210	14	3079.9

	노선	이름	입주	세대	용적률 (%)	건폐율 (%)	평균 평단가 (만원)
35	별내별가람역 (4호선)	별내아이파크 2단지	2015	1083	209	19	2267.2

	노선	이름	입주	세대	용적률 (%)	건폐율 (%)	평균 평단가 (만원)
36	봉화산역 (6호선)	신내5단지 두산대림	1995	1244	198	24	2265.9

	노선	이름	입주	세대	용적률 (%)	건폐율 (%)	평균 평단가 (만원)
37	산본역 (4호선,GTX-C)	충무주공 2단지1차	1993	2489	228	16	1680.9
38	산본역 (4호선,GTX-C)	퇴계주공 (3단지)	1995	1992	196	13	1492.9

	노선	이름	입주	세대	용적률 (%)	건폐율 (%)	평균 평단가 (만원)
39	상계역(4호선)	상계대림	1989	675	269	26	1877.4

	노선	이름	입주	세대	용적률 (%)	건폐율 (%)	평균 평단가 (만원)
40	상일동역 (5호선)	고덕그라시움	2019	4932	249	20	4929.7

	노선	이름	입주	세대	용적률 (%)	건폐율 (%)	평균 평단가 (만원)
41	서울역 (1,4호선 GTX-A,B,공항철도, 경의중앙)	후암미주 (라이프미주)	1980	226			4671.2
42	서울역 (1,4호선 GTX-A,B,공항철도, 경의중앙)	서울역 센트럴자이	2017	1341	234	19	4855.4
43	서울역 (1,4호선 GTX-A,B,공항철도, 경의중앙)	중림동삼성 사이버빌리지	2001	712	251	24	3988.2

	노선	이름	입주	세대	용적률 (%)	건폐율 (%)	평균 평단가 (만원)
44	석수역 (1호선)	석수 두산위브	2010	742	228	21	2579.7

	노선	이름	입주	세대	용적률 (%)	건폐율 (%)	평균 평단가 (만원)
45	성남역 (경강선,GTX-A), 이매역(수인분당)	아름마을 (풍림5단지)	1993	876	204	16	3766.1

	노선	이름	입주	세대	용적률 (%)	건폐율 (%)	평균 평단가 (만원)
46	수서역(3호선, 수인분당, GTX-A)	수서삼익	1992	645	224	16	5285.4

	노선	이름	입주	세대	용적률 (%)	건폐율 (%)	평균 평단가 (만원)
47	수원역(1호선, 수인분당, GTX-C)	서둔동 센트라우스	2005	1094	228	20	1763.6

	노선	이름	입주	세대	용적률 (%)	건폐율 (%)	평균 평단가 (만원)
48	수지구청역 (신분당선)	수지한국	1995	416	202	13	2455.7

	노선	이름	입주	세대	용적률 (%)	건폐율 (%)	평균 평단가 (만원)
49	신도림역 (1,2호선)	신도림 디큐브시티	2011	524	746	56	2967.9

	노선	이름	입주	세대	용적률 (%)	건폐율 (%)	평균 평단가 (만원)
50	신이문역 (1호선)	이문 e-편한세상	2003	1378	251	17	2722.4
51	신이문역 (1호선)	래미안 아트리치	2019	1091	244	21	3305.8

	노선	이름	입주	세대	용적률 (%)	건폐율 (%)	평균 평단가 (만원)
52	야당역 (경의중앙)	한빛마을5단지 캐슬앤칸타빌	2012	2190	208	13	1622.8

	노선	이름	입주	세대	용적률 (%)	건폐율 (%)	평균 평단가 (만원)
53	양천향교역 (9호선)	한강타운	1993	990	209	19	3233.6

	노선	이름	입주	세대	용적률 (%)	건폐율 (%)	평균 평단가 (만원)
54	연신내역 (3,6호선,GTX-A)	정익제이원 (186-12)	2017	54	497	58	2975.2
55	연신내역 (3,6호선,GTX-A)	북한산 힐스테이트7차	2011	882	208	20	3017.7
56	연신내역 (3,6호선,GTX-A), 불광역(3,6)	미성(라이프)	1988	1340	227	17	2613.9

	노선	이름	입주	세대	용적률 (%)	건폐율 (%)	평균 평단가 (만원)
57	영등포역 (1호선)	영등포푸르지오	2002	2462	249	16	3275.5
58	영등포역 (1호선)	영등포 아트자이	2014	836	249	16	3411.9

	노선	이름	입주	세대	용적률 (%)	건폐율 (%)	평균 평단가 (만원)
59	영통역 (수인분당,인동선)	살구골 현대7단지	1998	612	219	16	2040.6
60	영통역 (수인분당,인동선)	신나무실 (극동,풍림)	2000	776	219	16	2081.4

	노선	이름	입주	세대	용적률 (%)	건폐율 (%)	평균 평단가 (만원)
61	올림픽공원역 (5,9호선)	올림픽선수 기자촌 2단지	1988	5540	137	12	5652.3

	노선	이름	입주	세대	용적률 (%)	건폐율 (%)	평균 평단가 (만원)
62	왕십리역 (2,5호선수인분당, KTX중앙선, GTX-C)	서울숲삼부	1998	498	253	26	4748.0
63	왕십리역 (2,5호선수인분당, KTX중앙선, GTX-C)	성동삼성 쉐르빌	2006	342	535	53	3259.0
64	왕십리역 (2,5호선수인분당, KTX중앙선, GTX-C)	왕십리 금호어울림	2006	367	280	18	3970.0

	노선	이름	입주	세대	용적률 (%)	건폐율 (%)	평균 평단가 (만원)
65	용두역(2호선) (동북선 예정), 제기동역1호선	래미안 허브리츠	2011	844	236	17	3350.1

	노선	이름	입주	세대	용적률 (%)	건폐율 (%)	평균 평단가 (만원)
66	원인재역 (수인분당, 인천1호선), 경강선	연수 우성2차	1995	2044	200	12	1449.0
67	원인재역 (수인분당, 인천1호선), 경강선	연수 솔밭마을 아파트	1993	1200	172	13	1078.0
68	원인재역 (수인분당, 인천1호선), 경강선	승기마을	1992	1000	146	51	1130.9

	노선	이름	입주	세대	용적률 (%)	건폐율 (%)	평균 평단가 (만원)
69	의왕역 (1호선)	엘리프의왕역 (분)	2023	981	195	22	1647.6
70	의왕역 (1호선)	우성5차	1986	545	149	34	2193.3
71	의왕역 (1호선)	우성6차	1986	370	147	32	2158.9
72	의왕역 (1호선)	의왕역 센트럴시티	2010	389	148	21	1727.3

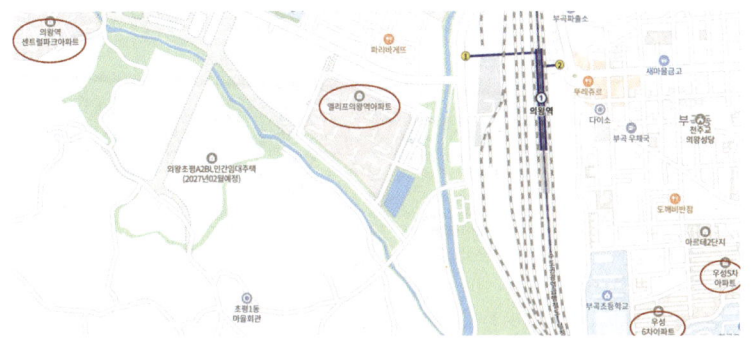

	노선	이름	입주	세대	용적률 (%)	건폐율 (%)	평균 평단가 (만원)
73	인덕원역(4호선, 경강선, 인동선)	인덕원 마을삼성	1998	1314	353	24	3263.9

	노선	이름	입주	세대	용적률 (%)	건폐율 (%)	평균 평단가 (만원)
74	인천대입구역 (인천1호선), GTX-B	송도더샵 센트럴 파크3차	2022	351	363	41	4233.0

	노선	이름	입주	세대	용적률 (%)	건폐율 (%)	평균 평단가 (만원)
75	인천시청역 (인천1,2호선, GTX-B)	힐스테이트 인천시청역A (입주예정)	2024	746	249	18	1993.9

	노선	이름	입주	세대	용적률 (%)	건폐율 (%)	평균 평단가 (만원)
76	일원역 (3호선)	수서까치마을	1993	1404	208	17	5637.5
77	일원역 (3호선)	청솔빌리지	1993	291	89	30	5900.2

	노선	이름	입주	세대	용적률 (%)	건폐율 (%)	평균 평단가 (만원)
78	주엽역 (3호선, GTX-A)	문촌 (16단지 뉴삼익)	1994	956	182	16	2113.8
79	주엽역 (3호선, GTX-A)	대화동 한화포레나 킨텍스	2019	1100	689	55	3079.7

	노선	이름	입주	세대	용적률 (%)	건폐율 (%)	평균 평단가 (만원)
80	중계역(7호선), 녹천역(1호선, GTX-C)	상계주공 (1단지)	1988	2064	176	16	2314.0
81	중계역(7호선), 동북선	롯데우성	1993	568	208	19	2895.6
82	중계역(7호선), 동북선	건영(3차)	1995	948	217	22	3384.5
83	중계역(7호선), 동북선	중계청구(3차)	1996	780	196	21	3623.6

	노선	이름	입주	세대	용적률 (%)	건폐율 (%)	평균 평단가 (만원)
84	중앙역 (4호선)	고잔동안산 센트럴푸르지오	2018	990	259	15	2421.3

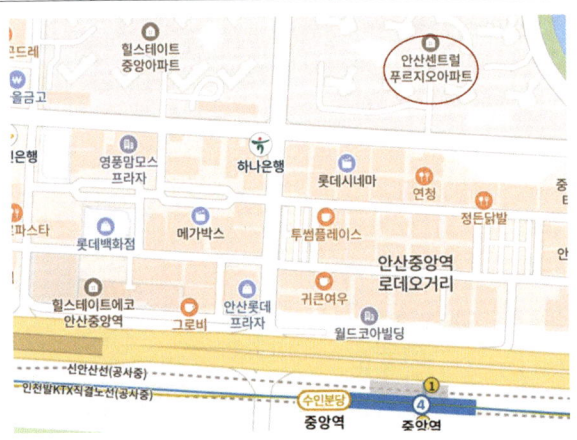

	노선	이름	입주	세대	용적률 (%)	건폐율 (%)	평균 평단가 (만원)
85	진접역 (4호선)	신안인스빌 (13블럭)	2010	1240	200	20	1316.5

	노선	이름	입주	세대	용적률(%)	건폐율(%)	평균 평단가(만원)
86	창동역 (1,4호선, GTX-C노선)	동아청솔	1997	1981	249	16	2647.7
87	창동역 (1,4호선, GTX-C노선)	동아아파트	1988	600	212		2526.1
88	창동역 (1,4호선, GTX-C노선)	창동주공 (1단지)	1990	808	167		2522.8

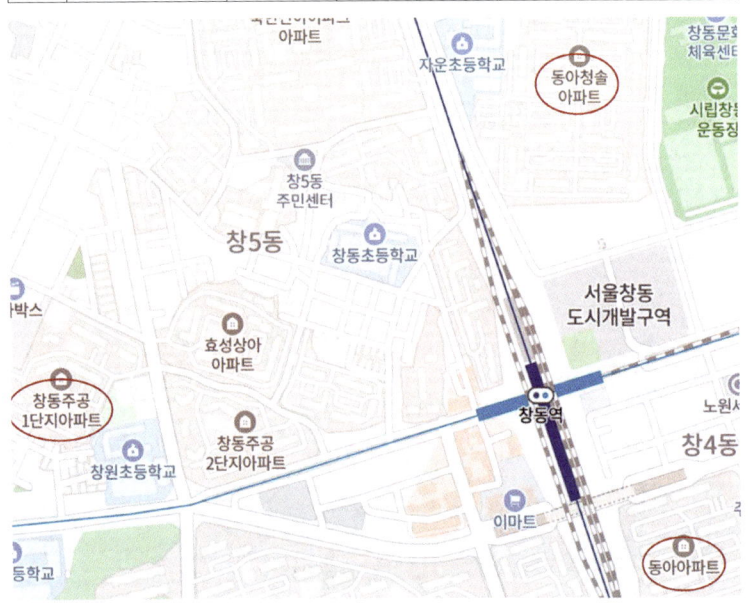

	노선	이름	입주	세대	용적률 (%)	건폐율 (%)	평균 평단가 (만원)
89	청량리역 (1호선, 경의중앙, 수인분당,GTX-C)	래미안 크레시티	2013	2397	235	22	4043.7
90	청량리역 (1호선, 경의중앙, 수인분당,GTX-C)	롯데캐슬 SKY	2023	1425	995	57	6060.6
91	청량리역 (1호선, 경의중앙, 수인분당,GTX-C)	동대문 롯데캐슬 노블레스	2018	584	258	17	3642.2

	노선	이름	입주	세대	용적률 (%)	건폐율 (%)	평균 평단가 (만원)
92	평택지제역 (1호선, KTX, 평택선,GTX-C)	지제역더샵 센트럴시티	2022	1999	199	15	2479.3

	노선	이름	입주	세대	용적률(%)	건폐율(%)	평균 평단가(만원)
93	하계역(7호선), 동북선	현대우성	1988	1320	209	11	3109.4
94	하계역 (7호선, 동북선)	극동,건영, 벽산	1988	1980	231	17	2677.7

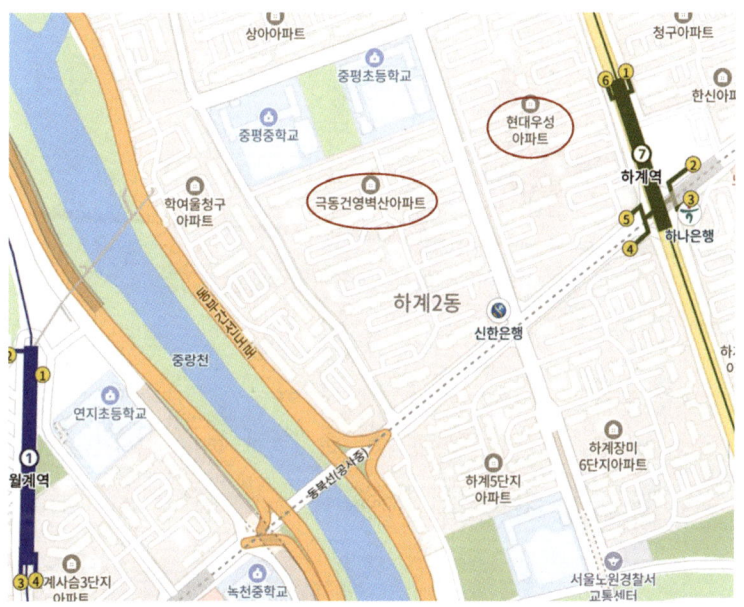

	노선	이름	입주	세대	용적률 (%)	건폐율 (%)	평균 평단가 (만원)
95	하남검단산역 (5호선)	부영	1994	2055	203	17	2442.3

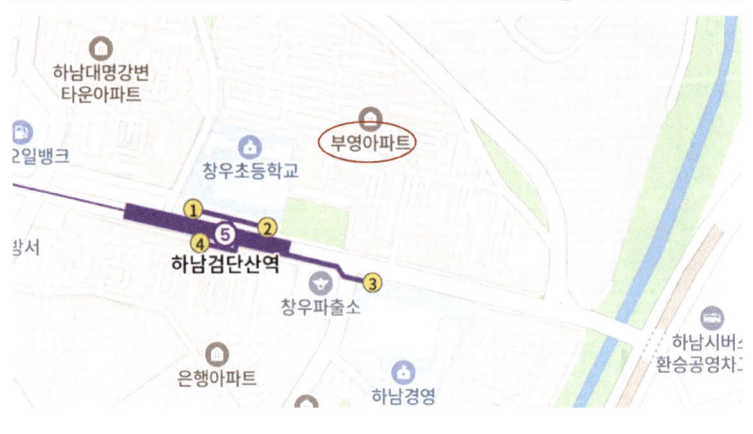

	노선	이름	입주	세대	용적률 (%)	건폐율 (%)	평균 평단가 (만원)
96	행신역 (경의중앙)	샘터 (2단지)	1996	2920	222	16	1411.0

	노선	이름	입주	세대	용적률 (%)	건폐율 (%)	평균 평단가 (만원)
97	화서역(1호선), 신분당선 연장선	화서역파크 푸르지오	2021	2355	499	27	3063.6
98	화서역(1호선), 신분당선 연장선	화서주공 4단지	1997	1314	219	16	2183.5

	노선	이름	입주	세대	용적률 (%)	건폐율 (%)	평균 평단가 (만원)
99	화정역 (3호선)	별빛 (7단지청구,현대)	1995	1136	179	15	2089.1

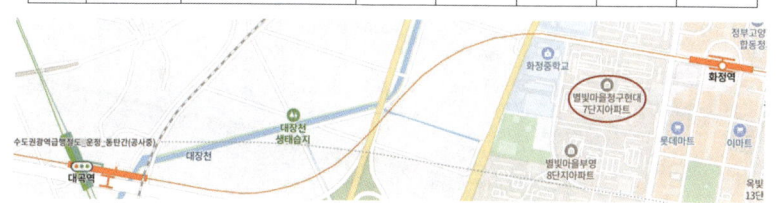

	노선	이름	입주	세대	용적률(%)	건폐율(%)	평균 평단가(만원)
100	흑석역 (9호선)	명수대 현대	1988	660	247	19	4860.5

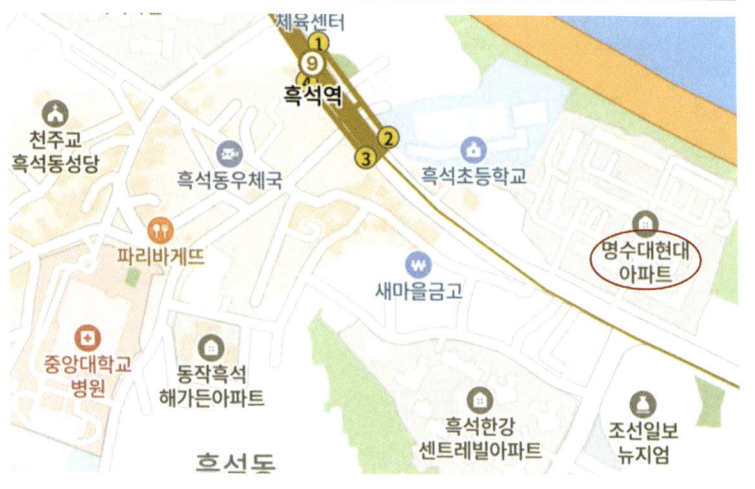

	노선	이름	입주	세대	용적률 (%)	건폐율 (%)	평균 평단가 (만원)
101	신논현역 (9호선, 신분당선)	논현동 한화꿈에그린	2005	70	250	58	4712.2

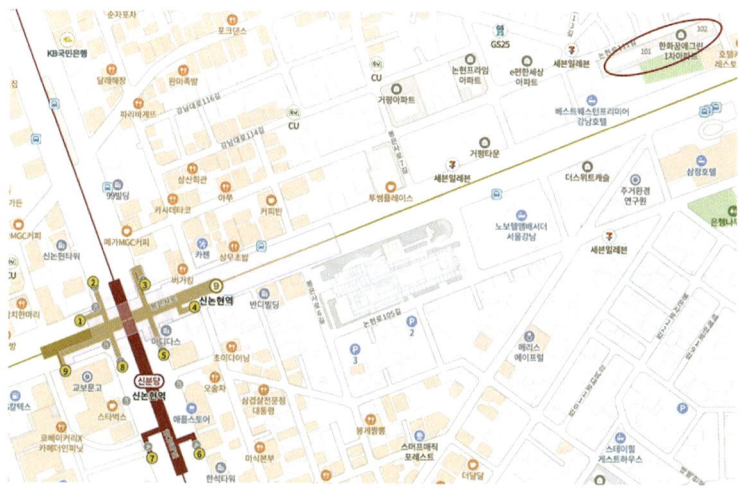

<스페셜+>
지금 팔면 평생 후회할 개통 예정 역세권 아파트 12곳

[자료 출처]
- 평균평단가 기준: 2024-07-24 KB부동산
- 아파트명: KB부동산
- 네이버 지도

	노선	이름	입주	세대	용적률 (%)	건폐율 (%)	평균 평단가 (만원)
1	GTX-A예정	한울마을1단지 운정신도시아이파크	2000	3042	185	13	2213.7

	노선	이름	입주	세대	용적률 (%)	건폐율 (%)	평균 평단가 (만원)
2	경강선 공사중	비산 e편한 세상	2008	486	227	20	2432.6
3	경강선 공사중	비산 삼성 레미안	2003	3806	359	18	2219.2

	노선	이름	입주	세대	용적률 (%)	건폐율 (%)	평균 평단가 (만원)
4	경강선 (공사중)	산운마을(9단지 대방노블랜드)	2008	266	168	18	4270.0

	노선	이름	입주	세대	용적률 (%)	건폐율 (%)	평균 평단가 (만원)
5	동북선 (공사중)	번동주공 1단지	1991	1430	156	14	2180.9
6	동북선 (공사중)	번동한진	2000	202	337	28	1652.9

	노선	이름	입주	세대	용적률 (%)	건폐율 (%)	평균 평단가 (만원)
7	성포역 (신안산선)	주공 11단지	1994	1975	150		1422.7

	노선	이름	입주	세대	용적률 (%)	건폐율 (%)	평균 평단가 (만원)
8	청라연장 (7호선)	청라제일풍경채 2차에듀&파크	2017	1581	220	14	2099.0
9	청라연장 (7호선)	청라한화 꿈에그린	2012	1172	219	14	1881.8
10	청라연장 (7호선)	청라센트럴 에일린의뜰	2018	1163	312	21	2097.9

	노선	이름	입주	세대	용적률(%)	건폐율(%)	평균 평단가(만원)
11	한영외고역(9호선 연장공사중)	대림빌라	1992	108	91	31	3039.6
12	한영외고역(9호선 연장공사중)	삼성빌리	1988	132	89	29	5111.7